講談社選書メチエ
683

機械カニバリズム

人間なきあとの人類学へ

久保明教

MÉTIER

はじめに

近い将来、人間に似た形状や能力をもつロボットやＡＩ（人工知能）が日常生活の隅々にまで浸透するだろう。私たちはこうした未来予測を多かれ少なかれ実現可能だと見なしている。いつか、「鉄腕アトム」や「ドラえもん」のような機械のパートナーと生まれたときから一緒に育つ幸福な世代が現れるかもしれない。『２００1年宇宙の旅』や『ターミネーター』で描かれたように、機械に反逆され支配される未来がやってくるかもしれない。現代にも予兆を見いだすことはできる。インターネットやスマートフォンに代表される情報通信技術（ＩＣＴ）は、私たちの生活をより自由で豊かなものにしたようにも見えるし、高度なモバイル端末に耽溺《たんでき》する無数の人間を生みだしてコミュニケーションの希薄化やネット炎上といったさまざまな問題を引きおこしているようにも見えるだろう。

私たちは機械を愛し、憎んでいる。さまざまな能力において人間を超える機械の登場を期待する一方、どこか拭いがたい恐怖を感じてもいる。だが、そもそも機械とはどのような存在であるのかについて考えることは稀《まれ》だろう。人々の関心はむしろ、自分たち人間がいかに生き、いかなる関係を他者と築き、どのような社会を作りあげていくのかに向けられる。テクノロジーはあくまで道具であり、人間が特定の目的を達成するための手段にすぎない。そう考えることで、私たちは焦点をテクノロジーから人間へと移す。前者は後者の下位要素にすぎない。いくら発達した機械といえども人間の生活を便利にするための手段にすぎないのだから、真に重要なのはテクノロジーの進歩ではなく、それを通じた人間社会の進歩なのだ。そう考える人も少なくないだろう。

しかしながら、私たち人間のあり方自体が、テクノロジーによって大きな影響を被《こうむ》っていることは否定できない。あなたの日常から電車やインターネットやスマートフォンが突如として失われたら、あなたはいかなる生活をおくり、いかなる人間になるだろうか？　仮定の話を考えるまでもない。あなたの日常から、駅の伝言板やレコードプレーヤー、MDや固定電話や、あるいはガラケーやテレビが消えたことで、あなたの人間としてのふるまいや考え方はどのように変わってきただろうか？　現代社会の隅々に浸透しているさまざまな機械は、私たちのあり方を規定する重要な一部をなしている。機械を道具として使う人間のあり方自体が機械から大きな影響を受けて形成されることを考えれば、機械と人間を道具とその使用者としてシンプルに対置することは難しくなる。

本書では、私たちが機械の側から自分自身を捉えることによって、私たち自身のあり方を変えていくプロセスに注目する。技術的には単なるハードウェアやソフトウェアだということもできる装置に人間が自らと近しいものを見いだすことで、それらは「ロボット」や「AI」と呼ばれるようになる。工学者や計算機学者はロボットやAIを作りあげることによって、単に便利な道具を開発することだけでなく、機械を通じて人間を理解することをも試みてきた。日常のさまざまな出来事や自らの意見をブログやTwitterに書き込む人々は、自らの日々の営みをせっせと機械が処理できる情報に置き換えている。SNS（Social Networking Service、ソーシャル・ネットワーキング・サービス）に書き込まれる日常生活のあり方自体がSNSの影響によって変化しているように、知的な機械を通じて理解される人間のあり方もまた従来の人間観とは異なるものとなるだろう。

人類学者エドゥアルド・ヴィヴェイロス・デ・カストロは、南米における「カニバリズム（食人）」を「他者の視点から自らを捉え、自己を他者としてつくりあげるための営為」として描きだした。本書では、彼の議論を踏まえて、機械という他者の視点から自己を捉え自己を変化させていく営為を「機械のカニバリズム」と呼び、その問題点と可能性を探っていく。機械が単なる道具ではなくなり、私たち自身の存在のあり方を問いかける相手として迫ってくる。こうした状況の範例として、以下で中心的に論じられるのは人間の棋士とソフトが戦った「将棋電王戦」シリーズである。そこで見いだされるのは、将棋という世界に生じる出来事を評価し判断するものが人間でも機械でもありうるようになった状況であり、「人間」なるものによってこの世界を根拠づけることが不可能になったとき、私たちはいかに生きていけるのかという問いである。

電王戦から発せられた問いは、深く広く掘り下げられ、インターネットやSNSを通じた私たちのコミュニケーションや自己のあり方の変容へと結びつけられていく。AIブーム、将棋ソフト開発、現代将棋の変容、SNS、生政治学、計算主義批判、モニタリング社会、さまざまなトピックが濁流のように連なっていく本書の記述は、私たちが自らを同一視している「人間」という形象から離脱する可能性とその困難を探る「人間なきあとの人類学」の構想へと向かう。機械は単なる道具だ、そう言いながら私たちは機械を愛し、恐れている。私たち自身のあり方がさまざまな機械との関係において生みだされているのであれば、機械とはいかなる存在かという問いは、次の問いとストレートに繋《つな》がっていく。いったい私たちはいかなる存在であり、いかなる存在で**ありうる**だろうか。

目次

はじめに　3

第一章　現在のなかの未来　9

それは制御できるのか／二〇世紀の技術論／銃と既読スルー／機械への生成／機械人間とジャガー人間／機械カニバリズム／人間なきあとの人類学

第二章　ソフトという他者　41

中心と周縁／パンドラの箱／点と線／フレームの外側／物語と数値

第三章　探索から評価へ　65
人はいかに将棋を指すか／数の暴力／盤上の自由／無謀な戦い

第四章　知性と情動　85
異なる基準／大晦日の激闘／怖がらない機械／情動と定跡／ソマティック・マーカー／情動の変容／「ない」がある

第五章　強さとは何か　107
文化と競技／規約と実践／強さの不確定性／無効化による拡張／ルールと慣習／観念の変容

第六章　記号の離床　127

デジタルな記号／電子公共圏／非人称としての三人称／炎上する私／N次創作／〇・五人称発話／規範化／観察者であることの痛さ

第七章　監視からモニタリングへ　159

私たちは覗かれている／生政治学／再帰的自己／中国語の部屋／機械－人間のイマージュ

第八章　生きている機械　185

可塑的な比較／規則と逸脱／二つのイマージュ／人間なき世界

注　210

第一章　現在のなかの未来

それは制御できるのか

「十分に発達した科学技術は、魔術と見分けがつかない」

SF作家アーサー・C・クラークの名を知らなくても、彼が遺《のこ》したこの表現をどこかで聞いたことのある人は少なくないだろう。ただし、先端技術を魔術のように感じるのは私たち一般人であり、どれほど驚異的なテクノロジーであっても、その仕組みを理解できる専門家がどこかにいるだろうことを前提として、この表現は受けいれられている。

しかし、近年急速な発展を見せる「人工知能（AI）」は、こうした前提を突きくずしつつある。現代のAIブームの中核をなす「ディープラーニング」は、多層ニューラルネットワーク、機械学習、ベイズ理論、脳神経科学、ネット上の膨大なデータなどを結びつけることで、画像認識や音声認識において劇的な成果をあげてきた。これらの技術の詳細を知らない人が大半だろうが、二〇一二年にグーグルが発表した「猫」の顔を認識できるニューラルネットの開発で培われた機械学習技術は、モバイル端末用OS「Android」による音声認識の精度向上といった仕方で、私たちの日常にもすでに入り込んでいる。だが、ディープラーニングの内部メカニズムのすべてが解明されているわけではない。もちろん膨大なデータからパターンを抽出していく機械学習のプロセスは人間が書いたプログラムに従って行われるが、学習の成果である複雑な認識システムは、開発者や専門家であっても完全には把握できないものとなる。

人間の作った機械が、人間の理解を超えていく。こうした事態は、「近い未来にあらゆる知的能力において人間を超えるコンピュータが登場し、文明の発展史がそこから先まったく予測できなくなるような特異点（Singularity）に辿《たど》りつくだろう」という、一九八〇年代に提唱されて以来それほど注目されていなかったシンギュラリティ仮説に息を吹き込んだ。「ビッグデータ」、「ＩｏＴ（Internet of Things）」、「第四次産業革命（Industry 4.0）」といったキャッチフレーズを通じて、ＡＩの発展は、情報技術に留《とど》まらない産業構造全体の変化を促し、多くのビジネスチャンスを生みだす源泉として喧伝《けんでん》されていく。その一方、現存する職業の半数弱が今後一〇～二〇年のあいだにコンピュータに奪われるのではという見解も示され[1]、ＡＩによる生産力と失業者の増大に見合う需要を確保するためにベーシックインカム制度の導入が提唱されてもいる[2]。

こうした状況のなか、理論物理学者スティーヴン・ホーキングや計算機科学者スチュアート・ラッセルらは、英「インディペンデント」紙に寄稿した連名の記事において次のように述べている。「ＡＩの発展によって戦争や病気や貧困の根絶さえ期待できる一方で、高度に発達したＡＩが金融市場の裏をかき、科学者を誤らせ、政治家や企業家を混乱させ、私たちには理解できない兵器を開発してしまうこともありうる。予想されるリスクを回避することを学ばなければ、ＡＩの創造は人類史における最大にして最後の出来事となりかねない。ＡＩがいかなる影響を与えるかは、短期的には「誰がそれを制御するか」にかかっているが、長期的には「そもそもそれは制御できるのか」にかかっている[3]。」

二〇一〇年代の後半にさしかかった現在の状況は、人工知能研究が開始された一九五〇～六〇年代、エキスパートシステムに注目が集まった一九八〇年代に続く、第三次のＡＩブームとされる。第一次・第二次ブームが計算機科学の専門家による研究開発を中心としていたのに対して、第三次ブームでは、グーグル、ＩＢＭ、Facebook、アマゾンといった世界的企業が研究開発を主導しており、その成果は、モバイル端末の支援機能（「Siri」や「コルタナ」等）や自動運転車といった、多くの人々にとって身近な技術に導入されつつある。だからこそ、客観的な未来予測というより思想的提言に近いシンギュラリティ仮説にも、簡単には否定できない説得力が宿っている。

だが、「機械が知的能力において人間を超える」とは、いかなる状況を指しているのだろうか？　いつから機械と人間は知性において比較可能な存在になったのか？　どうして甚大なリスクが危惧されながらＡＩ開発が進められているのか？　なぜ私たちは、コンピュータの計算力を増大させる試みを止めようとしないのか？　そもそも、なぜ機械は制御できるものでなくてはいけないのか？

ＡＩブームは、機械が人間を超える未来に対する希望や恐怖を喚起するだけではない。それは、いつの間にかそうした未来を見すえる状況にはまり込んでしまった、私たちの現在をめぐるさまざまな問いを喚起してもいる。だが、そうした問いが正面から取りあげられることは少ない。

シンギュラリティ仮説は、文明の発展史において、そこから先がまったく予測できなくなる特異点がやってくることを予測するという独特の矛盾した語り口をなしている。予想される状況の内実は予想できない。したがって、その予想される未来に対処する処方箋として考案される方策は、それ自体が新しかろうが古かろうが革新的なものであるかのように見える。対処すべき対象がどう見ても革新的だからだ。いまや「イノヴェーション」という言葉は、非政治的な革命への希望や対抗文化《カウンターカルチャー》の旗印として密《ひそ》やかに掲げられるものではなく、行政機関や地方自治体や一流企業においてこそ蔓延《まんえん》する言葉となっている。規範化され体制化したイノヴェーションを容易に実現させてくれる便利な概念として「シンギュラリティ」は一定の説得力を帯びている。こうして私たちは未来へと追い立てられる。だが、予測できないことを予測するという二重の構えは、人間が機械に追い抜かれる未来を予測することを通じて、そうした未来を人間が制御できるという発想を強化する。あたかも、私たち人間なるものが発展する知能機械によってこの世界への支配権を失うか、人間が知能機械を制御することでこの世界への支配権を維持するかの二者択一しか残されていないかのようだ。だが、本当にそんな発想しかできないのだろうか？

筆者自身は、機械に支配されたくないわけでも機械を支配したいわけでもない。機械との平和な共存を望んでいるわけでもない。むしろ、機械との関係において支配か被支配かの二者択一（あるいはその裏面としての共存という理念）に追い込まれるしかない「人間なるもの」に正直嫌気がさしている。私は、そのような「人間なるもの」の一部として生きていたくない。だから、そのような「人間」とは異なるものとして私たち自身のあり方を構想し直すことにした。

こうした問題意識を発端とする本書は、したがって、ＡＩが人間を超える未来とはどのようなものであるかを予測し、そうした未来に向かっていかなる対策を講じるべきかを考えるものではない。むしろ、ここで扱われるのは、現代を生きる私たちはなぜそのような未来を予想してしまうのか、予想される未来とは異なる道筋を現在のなかにいかに見いだすことができるのか、といった問いである。いうなれば本書は「現在のなかの未来」の可変性を炙《あぶ》りだす試みとなる。ＡＩやロボットと呼ばれる知能機械の発展が私たち人間にもたらす影響を予想するのではなく、そもそも知能機械と人々が織りなす関係をいかなるものとして捉えることができるのか、テクノロジーの発展に希望と脅威を感じている私たちとは何ものであり、そして、何ものでありうるのかを考えたい。

そのために、序章となる本章ではまず、人工知能をめぐる現在の状況を、科学技術論や現代人類学の観点から考察する。本章の議論を踏まえて、第二章からは、知能機械と人間が織りなす相互作用の先駆的なモデルケースとして、プロ棋士と将棋ソフトが競い合った「将棋電王戦」を取りあげる。プロ棋士と将棋ソフトの対局の軌跡やその影響を検討し、高度な知的能力をもつ機械と人間が織りなす関係性のあり方がどのようなものでありうるかを考察する。将棋電王戦をめぐる第二〜第五章の議論が、現在から少し未来へと踏みだした地平を探索するものであるのに対して、続く第六〜第七章では、インターネット上のコミュニケーションの変容を中心的に取りあげ、近い過去から現在に至るまでにおいて、知能機械と私たちの関係性がいかなるものになってきたのかを検討する。二つのパートの議論を踏まえ、第八章では知能機械との相互作用を通じて〈私たち＝人間〉なるものを捉え直していく道筋を探求する。未来を展望する議論の多くが、〈過去⇒現在⇒未来〉という直線的な時間に沿って展開されるのに対して、本書ではむしろ「近い未来」と「近い過去」によって現在を挟み込むことによって、ＡＩの進展する未来を期待と恐れをもって見つめている、現在の私たちの可変性を炙りだすことを試みる。

二〇世紀の技術論

現在、新聞や雑誌、ネットメディアや一般書で流通しているＡＩをめぐる言説の多くは、二つの論調の組み合わせによって構成されている。第一に、著名な研究者や企業家の知見や実用化の例を挙げることで、ＡＩの開発が急速に進んでいることを強調するものであり、第二に、ＡＩの発展が引きおこす失業者の増大や経済的混乱などのリスクを列挙し、ディストピアを避けるために必要になるだろう規制や対策について考察するものである。前者では、先端テクノロジーによって社会が変わっていくプロセスが強調され、後者では先端テクノロジーが良い影響をもたらすように社会的な合意に基づいて制御していくプロセスが強調される。

　この二種類の論調は、科学技術をめぐる二〇世紀の思想を二分してきた「技術決定論」と「技術の社会的構成論」の発想に対応している。技術決定論は、技術の本質主義、自律説、自立的存在論とも呼ばれ、技術をそれ自体に内在する論理や推進力をもった自律的な存在とみなす立場である。とりわけ産業革命以降の技術は、自動性、唯一性、空間的時間的な普遍性、自律的な拡張性をもって世界のすべてを管理の対象として支配するものであるとされる。[4]その影響がポジティブかネガティブかにかかわらず、社会が技術のあり方を決定するのではなく、技術が社会のあり方を決定するということだ。科学技術を進展させているのは結局のところ社会に生きる人間なのだから自律的ではないはずだ、と反論したくなる人もいるだろう。だが、現に私たちは自動車の最高速度が上がり、スマートフォンの通信網が拡充し、コンピュータの計算速度が速くなることをなかば自動的な現象として捉えており、「より便利になるのだから当然だ」と考えている。技術決定論を否定することは簡単ではない。

　技術決定論に対する批判的立場として二〇世紀後半に台頭した社会的構成論は、技術の非自律説、道具説とも呼ばれ、技術は特定の社会（集団）が特定の目的を達成するための中立的な手段であるとみなす立場である。人間が何らかの目的を達成するための道具や手段として技術を捉える考え方は常識的なものであるが、社会的構成論は、その手段＝目的関係が社会的な交渉や合意を通じて構成されるという点を特に強調するものであった。テクノロジーの発展は技術に内在する論理によって方向づけられるのではなく、社会的・文化的な要因によって決定されるものであり、具体的な技術の有り様は、関連する社会集団のあいだの対立や交渉の結果、その技術をめぐる「解釈の柔軟性」[5]が次第に縮減されることによって構成される。技術が社会のあり方を決定するのではなく、社会が技術のあり方を決定する。たとえば、階段は多くの人々にとってすみやかに高所や低所に移動できる便利な装置として捉えられるが、車椅子に乗る人々にとってはそこから先に進めなくなる障壁として解釈される。現在の公共施設や鉄道駅の多くに見られるスロープが併設された階段は、「バリアフリー」という、より多くの人々が許容できる仕方で階段をめぐる解釈の柔軟性が縮減された結果だといえるだろう。

ただし、技術決定論と社会的構成論は、技術と社会を別個の領域として捉えたうえで両者のどちらかに私たちが生きる世界の状態を生みだす最終的な根拠を置く、という点では同型である（いずれに根拠を置くかの違いにすぎない）。両者の対立は、技術／社会という二項対立のどちらの領域がもうひとつの領域の上位に立ち、それを規定するのかをめぐって生じる。これに対して、そもそも科学技術と社会という二項対立を前提とすること自体を批判したのが、一九八〇年代から提唱されてきたアクターネットワーク論（ANT：Actor Network Theory）である。

銃と既読スルー

アクターネットワーク論の主な推進者の一人である哲学者・人類学者ブルーノ・ラトゥールは、技術をめぐる従来の議論を、人間と非人間（nonhuman）の関係を一方による他方の支配という図式に還元するものとして批判する。

図式的に整理すれば、科学技術を中立的な道具とみなす社会的構成論では、技術的人工物がいかに作られ使用されるかは人間の欲求や意図によって規定されると考える。これに対して、科学技術をそれ自体の推進力をもった自律的な営為とみなす技術決定論では、技術的装置がいかに作られ配置されるかによって人間の行為や意図自体が規定されると考える。前者の発想では、技術は人間が自らの目標を実現するための単なる仲介項（Intermediary）となり、社会関係に対して副次／従属的なものとなる。後者の発想では、人間は技術が特定の目標を実現するための単なる仲介項となり、科学技術が外部から社会を変化させる。いずれにおいても、さまざまな現象が人間の側か非人間の側に還元して理解される。人間と技術の接続を通じて生じる状況を両者のどちらかを主語として捉えることは、私たちの日常においても頻発する語り口であろう。たとえば、「私たちはＩＣＴでビジネスの未来を切りひらきます」といった企業広告や「ゲームが子供を中毒にする」といった警告に見られるように。だが、ラトゥールによれば、技術によって生じるのは、むしろ人間と非人間がたがいの性質を交換しあいながら共に変化するという事態であり、両者はたがいの媒介（Mediation）となることで新たな行為のかたちを生みだしていく。そこにおいて、人間以外の存在者もまた、固有の形態や性質をもった行為者（「エージェント」「アクター」「アクタント」等と呼ばれる）として、人間を含む他の行為者と関係しながら特定の現実を構成している。

ラトゥールの挙げる次のような例を考えてみよう（図1）。市民（人間）と銃（非人間）という二つのエージェントが結びつくとき、両者が合成されて新たなエージェント「市民＋銃」が現れる。この

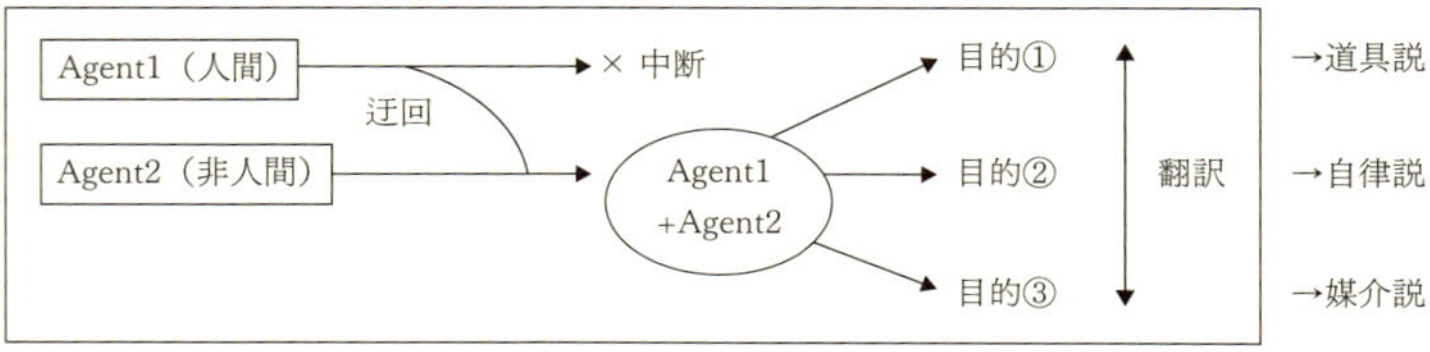

図１　異なるエージェントが結びついた第三のエージェントの行為が向かう先が、人間的エージェント（市民）に固有の目的（①）によってあらかじめ規定されていると考えると道具説が、非人間的エージェント（銃）にあらかじめ規定されていると考えると自律説が、あらかじめ規定されない未知の目的を生みだすと考えると媒介説が導かれる[6]。

第三のエージェントの働きが、第一のエージェント（人間）に内在する意図（目的①）に完全に従うと考えると、「善良な市民は銃をもっていても発砲などしない」という道具説的な説明になる。一方、銃という第二のエージェントに内在する「人を殺す」という機能（目的②）に完全に従うと考えると、「善良な市民でも銃をもてば殺人を犯しかねない」という自律説的な説明になる。

しかし、より一般的には第三の可能性が実現される。二つのエージェントがたがいにたがいの媒介として働くとき、それぞれが元々もっていた目的が「翻訳（translate）」される。たとえば、相手を殺すつもり（目的①）で銃（エージェント2、その殺傷能力＝目的②）を手にした人（エージェント1）であっても、手にした銃の重さに我にかえって、殺人をやめるかもしれないし、銃を脅迫に使って相手を屈服させようとするかもしれないし、銃で人を撃とうと考えた自分に嫌気がさして自殺してしまうかもしれない。こうして、あらかじめ存在する目的①、②とは異なる新しい目的③（殺人の中止／脅迫／自殺など）が生みだされる。ラトゥールのいう「翻訳」は、言語の翻訳になぞらえて行為者同士の相互作用を捉えるものであるが、その相互作用は、原語と訳語が一対一で対応しているという言語翻訳の一般的なイメージとは著しく異なる。言うなればそれは、翻訳を通じて原語と訳語の意味が共に変化していくような過程である。異なる行為者がたがいに結びつくことによって、それぞれの行為の向かう先があらかじめ確定できない仕方で変化する。その過程をラトゥールは「翻訳」と呼んでいるのだ。

こうしたラトゥールの発想は、一見すると道具説（社会的構成論）と自律説（技術決定論）の折衷案のように思われるだろう。だが、そこには前二者とは決定的に異なる要素が含まれている。道具説や自律説では、行為を規定する最終的な根拠があらかじめ技術と人間のどちらかに与えられている。だが、アクターネットワーク論（ＡＮＴ）において行為を規定するのは技術と人間が結びついて生みだされる第三のエージェント、人間と非人間のハイブリッドである。したがって、ＡＮＴの発想を正面から受けとめれば、そもそも人間は技術を制御できないし、制御などしていないことになる。もちろん、技術的人工物と結びついたハイブリッドとしての「人間＋銃＝銃人間」は、銃を制御している。だが、そもそも、どのような仕方で人間が「銃人間」となるのかを、人間は完全には制御できない。それを規定するのは人間であると同時に銃であり、より正確には、両者が織りなす相互作用である。

この例は、いささか形式的で抽象的であるように思われるかもしれない。私たちにとってより身近な事例を挙げよう。

日本国内で七三〇〇万人を超えるユーザーに利用されているメッセージアプリ「ＬＩＮＥ」では、相手のメッセージを読んだことを伝える既読マークがついていながら返信しない行為が「既読スルー」と呼ばれ、一〇〜二〇代の若者同士のコミュニケーションにおいて大きな問題となっている。それは円滑なコミュニケーションを阻害する行為として忌避されるために、「既読スルー」と感じられないようにメッセージのやりとりをいかに続け、終わらせるかに常に気を使わなければならない。

しかしながら、「既読スルー」は、ＬＩＮＥというアプリに技術的に実装されている機能ではないし、ユーザーがＬＩＮＥを使う以前からそのような行為のあり方を望んでいたわけでもない。ＬＩＮＥは、二〇一一年の東日本大震災の三ヵ月後にサービスを開始している。アプリ開発中に生じた震災でスタッフの安否確認をしている際に、メッセージへの返信はなくても読んだことさえわかればいいのではないか、という発想から既読通知機能が作られたという。[7]

スカイプのチャット機能やインスタントメッセンジャーなど、先行する類似のサービスにおいては、一つの枠組みに会話者の一方のメッセージが現れ、それが交互に連なっていくデザインとなっている。これに対してＬＩＮＥのチャット画面は、ユーザーの発言がふきだしに包まれたものが一つの画面の左右に連なっていき、スタンプマークや写真はふきだしの外に表示される。その画面デザインは、一つの対話空間をユーザーがともに作りあげていくことを強調するものであり、こうしたデザインが、フィーチャーフォン（「ガラケー」）とは異なり常時ネットに接続して情報を更新するスマートフォンと結びつくことで、流れるようにメッセージがやりとりされるタイムラインが可能になっている。こうした技術的特徴と、会話の内容以上に会話が同期しながら続いていく「ノリ」を重視するコミュニケーションスタイルが結びつくことで、空間的にも時間的にもバラバラに行動している人間同士が対面的な会話のようにやりとりする「疑似同期型」のコミュニケーションが生みだされている。[8]そこにおいて、既読マークが出ているのに返信しない、同期的な対話の進展を阻害する行為が「既読スルー」として対象化され、忌避されるようになったと考えられる。

既読スルーという行為は、ＬＩＮＥの技術的特徴によっても、それを使うユーザーの社会的性質によっても完全には説明できない。ＬＩＮＥユーザーの中には、既読マークが出ればメッセージが伝わったと考えてそれ以上の発言をやめるものもいるだろう。会話のノリを重視する人々であっても目の前の人に話しかけられて返事をしないのは端的に「無視する」ことであり、ＬＩＮＥとの結びつきがなければ「既読スルー」にはならない。既読スルーは、ＬＩＮＥと人々が結びつくことで生みだされた「ＬＩＮＥ人間」という第三のエージェントにおいて、はじめて実行可能な行為となったのである。

機械への生成

私たちは自律的なテクノロジーに操られているわけではない。だが、自律的な私たちがテクノロジーを操っているわけでもない。私たちはテクノロジーを制御などしていない。むしろ、私たちはテクノロジーへと生成している。ただし、ここでいう「生成（becoming）」とは、そのものと同一になることを意味するわけではない。市民が銃になるわけでもないし、若者がＬＩＮＥになるわけでもない。市民は「市民＋銃」になり、若者は「若者＋ＬＩＮＥ」になる。「テクノロジーへの生成」とは、私たちは技術と結びつくことで以前とは異なる存在へと変化するのであり、その変化をあらかじめ完全に理解することも制御することもできないし、現にしていない、ということである。[9]
テクノロジーをめぐる道具説と自律説の対立を支えているのは、「社会と自然」、「人間と非人間」、

「主体と客体」を明確に区別し、両者を一方による他方の制御という非対称的なしかたで関係づける近代社会の根幹をなす発想である。前者が後者を制御するとき、自然を解明し改変する科学技術は人間社会が目的を達成するための道具となり、後者が前者を制御するとき、科学技術は人間社会から自律して社会に一方的な影響を与えるものとなる。だが、ラトゥールによれば、これらの二項対立は諸領域を切り離しそれぞれに「純化」する近代的発想の産物に他ならない。人間から非人間を切り離すことでテクノロジーはそれ自体に固有の機能や利便性をもつものとされ、非人間から人間を切り離すことでテクノロジーを用いる人間はそれ自体に固有の意志をもつことになる。だが、表向きの純化を維持すると同時に、近代社会は両者を暗黙裡に混ぜあわせることで、たがいがたがいを「翻訳」しながら人間にも非人間にも還元できない新たな行為を生みだす運動を促進してもいる。[10]ちょうど、人々がＬＩＮＥと結びつくことで「既読スルー」という新たな行為が生まれたように。

　特定の最新技術が広く用いられるようになるのは、それが「便利」だからではない。むしろ、多くの人々がその技術と結びつきながら自らのあり方を変容させていくことで、それは便利なものとなる。スマートフォンのユーザーには不便に見えるガラケーは、そのユーザーにとっては依然として便利な道具である。彼／彼女らをスマホへと誘うためには、絶えずアップデートされるアプリやＯＳを活用し、対面的会話の最中にもスマホをいじってオンラインの対話に参加し、ＳＮＳに日常の断片を投稿してシェアするといった、「スマホ人間」としての生きかたを魅力的に示さなければならない。新たな技術が人々を魅了していくプロセスは、その技術と人間が結びついた第三のエージェントへと人々が変化していくプロセスなのである。

このように考えることが妥当なのであれば、現在のAIブームを、知能機械へと生成する試みとして捉えることが可能になる。私たちは、AIと結びつくことで以前とは異なる存在へと変化していく道筋に——その変化をあらかじめ完全に理解も制御もできないにもかかわらず——入りこんでいる、ということだ。なぜそう言えるのか、疑問に思われるかもしれない。科学技術は人類の理性的な営みの産物であり、そのような無計画な試みであるはずがない。そう感じる人も少なくないだろう。

だが、そうした感覚は、テクノロジーと人間が結びついて生まれるハイブリッドを事後的に人間側の意図や必要性に還元する「純化」に基づいている。私たちは技術を制御できないし、現にしていない。人間の非人間への生成を無視する近代的発想を放棄してしまえば、テクノロジーを、劇的に社会を変える革新的な力として捉える（自律説）と同時に、あくまで人間によって利用され制御されるものとして捉える（道具説）という矛盾に満ちた二枚舌はもはや成り立たなくなる。

近い将来、一説によれば二〇四五年頃に、あらゆる知的能力において人間を超えるコンピュータが登場することを予測する「シンギュラリティ」仮説は、二つの暗黙の条件によって成り立っている。第一に、コンピュータの計算力が絶えず向上することであり、第二に、人間の知的な能力がコンピュータの計算力と比較できる、つまり類比的なものとして把握されることである。したがって、「シンギュラリティ」仮説を一笑に付すことができない現状は、私たちが機械との関係において、この二つの条件が真となるような世界のあり方を肯定し現実化しようとする存在へと変容しつつあることを示している。

コンピュータの計算力とは、1と0の組み合わせによって構成されるデジタルな数列、文脈に依存しないデータを処理する能力である。コンピュータにおける計算力の向上は、私たちの脱文脈的な活動を支援し、拡張し、活性化させる。出自や地縁や血縁といった個人を抑圧する制約を弱め、より自由により多様に個々人の意志や能力を展開させることが肯定される現代世界の規範的発想を内面化している限り、私たちが、コンピュータの計算力を絶えず向上させていく試みを止めるための倫理的な根拠を提示することは極めて困難だろう。

同時に、そのような自由な個人のふるまいを担保しつつそれでも一定の秩序を生みだすために、私たちは、他者が理解できる客観的なフォーマットを通じて自らの行為や人格や責任を明らかにすることをたがいに要求するようになっている。個人の内面は、もはや文学や日記や精神分析によって私秘的に探求されるものではなくなり、SNSを通じて常に開示され編集され、共有（「シェア」）されるものへとなりつつある。逸脱的な個人への社会的排除もまた、しばしば既存の道徳規範や法律に基づいてなされるよりも前に、「炎上」と呼ばれる情報と情動の大規模なシェアを通じた排除の構成によって遂行される。SNSに投稿される喜怒哀楽を伴う人々の日常の一コマは、コンピュータが処理しうるデジタルな数列へと変換される形式に沿う限りにおいて他者へと伝わる。同時に、より多彩で自由な自己の表現をデジタルな数列によって補足しうる技術が次々と開発されていく。誰にでも理解できる客観的な情報へとさまざまな人間的営為を変換していく私たちの「自己」のつくり方自体が、それをコンピュータによる非文脈依存的な記号操作と類比的なものにしているのである。YouTube上のデータをもとにグーグルのアルゴリズムが「猫」の顔を認識できるようになったと言われる。だが、それは多くの人々が猫の動画をYouTubeにアップロードし、「猫」の一般的なイメージがいまや街角の野良猫よりもオンラインの画像や動画によって形成されているからこそ説得力を帯びている。

もちろん、私たちが今後も、このような仕方で知能機械へと生成し続けていくとは限らない。人間とコンピュータの知的な類比性がまったく認められないようになるかもしれないし、従来とは異なる仕方で類比性が見いだされていくかもしれない。

シンギュラリティ仮説が説得力をもち得た二〇一〇年代後半の状況を、後世の人々は驚きをもって振り返るようになるかもしれないし、むしろ遅すぎる判断だったとみなすかもしれない。未来を予測することは本書の目的ではない。だが、テクノロジーへの生成という観点から言えば、そのような未来へと繋がっているのは、より高度な知能機械と結びつくことで自らを変容させつつある私たちの現在の営みに他ならない。繰り返しになるが、現在のなかにある未来、その可変性を探ることが本書の目的である。

機械人間とジャガー人間

ＡＩをめぐる以上の検討から見えてくるのは、完全には制御できない人間以外の存在との関係を通じて自らを変化させつつある私たちの姿だ。合理的に世界を観察し制御する手段として科学・技術を捉える常識的な見地からすれば受け入れがたいイメージかもしれない。だがそれは人間のあり方としてそこまで突飛なものだろうか？　実際、人々の営みが完全には制御できない人間以外の存在との関係によって規定されるという状況は、世界中のさまざまな地域に暮らす人々の営みを調査してきた社会／文化人類学の観点から見れば特に珍しいものではない。

多くの人類学者が指摘してきたように、さまざまな動物に囲まれながら人々が暮らす非近代社会では、動物に対する制御可能性と制御不可能性が共存しており、しばしば両者のあいだを現実とも虚構ともつかない存在が繋いでいる。たとえば、エドゥアルド・コーンは、アマゾン川上流域に暮らすルナの人々とジャガーとの両義的な関係性を描きだす。人々にとってジャガーは身近な存在であり、人間によって狩られることもあるが、人間を狩ることもある。そのなかには「ルナ・プーマ」（「ルナ」は人格、「プーマ」は捕食者およびその典型であるジャガーを意味する）と呼ばれるジャガー人間もいる。彼らは死んだ近親者など人間の魂をもつジャガーであり、時には人々に食べ物を分け与えてくれるが、人々が狩猟に用いる犬を襲い、人間を被捕食者の地位に貶《おとし》める危険な存在ともされる。動物と人間を媒介するジャガー人間は、人々が自らを取り囲む森のさまざまな生物とつきあううえで、重要な思考と行為の焦点となっている。[11]

こうした動物と人間の関係は一見して奇妙に思われるだろう。だが、私たちの生きる近代社会における機械と人間の関係もまた、同じように捉えることができる。機械は身近な存在であり、人間によって利用されるが（故障や事故によって）人間を傷つけることもある。そのなかにはＡＩやロボットと呼ばれる機械人間もいる。彼らは人間的な知性や身体性を備え、仕事の円滑化や多大な利益をもたらすが、人々の仕事を奪い、人間を被支配者の地位に貶める危険な存在ともされる。機械と人間を媒介する人工知能やロボットは、人々が自らを取り囲むさまざまな科学技術とつきあううえで重要な思考と行為の焦点となっている。ジャガー人間と同じく機械人間も厳密に定義できない曖昧《あいまい》な存在であり、その形象は人々との対称的な、どちらが上位とも言えない関係のなかで現れる。たとえば、単なるゲーム・プログラムだとも言える将棋ソフトが、トップ棋士を倒す実力を備えるに至って「ＡＩが人間を超えた」と言われた。

だが、近代社会には、ここで指摘したような非近代社会との類似性を否定する強力な武器が備わっている。それは現実と虚構（フィクション）の区別である。犬や人を襲うジャガー人間がルナの人々がみる夢のなかで懐かしい死者の姿を見せるように、人々の仕事を代替するロボットや人工知能もまた、映画や小説やマンガやアニメのなかで人間と親密な関係を築いてきた。動物人間や呪術師や精霊など、人類学者が「一見して非合理な信念」の産物として捉えてきた存在の類比物もまた、現実と虚構という区別を無視して近代社会を眺めれば、『スパイダーマン』や『ハリー・ポッター』や『ドラゴンクエスト』などのフィクションのなかに大量に見いだすことができる。だが、近代人は、映画も小説もゲームも身近に存在しない非近代人に「現実／虚構」という区別を無理やり押しつけることによって、「彼らは精霊など実在すると信じているのか！」と驚くことができる。身近にあるその類比物を指摘されても「これはフィクションとして楽しんでるだけ」と言い逃れできるのである。

ラトゥールは、「社会と自然」、「人間と非人間」、「主体と客体」の峻別《しゅんべつ》によって近代社会は表向きの「純化」を維持してきただけでなく、近代社会と非近代社会という分割をも生みだしてきたと論じている。[12] 近代人にとって、自分たちは社会と自然を正当にも区別しているのに対して、非近代人は両者を誤って混同しているように見える。たとえば、社会的に共有された想像の産物にすぎないはずの呪術師や精霊が、あたかも自然の実在であるかのように語られる。両者は区別されなければならない。実在するものは自然科学によって、社会的想像は人文社会科学によって研究されるべき別個の対象である。こうした近代的思考は、非近代社会を探究する人類学にも色濃い影響を与えている。だからこそ、呪術師や精霊は現実に存在するものではなく、人々の主観的な認識の産物、「一見して非合理な信念」として捉えられなければならなかったのである。一方、フィクションのなかで活躍するスパイダーマン（動物人間）やハリー・ポッター（魔術師）の非合理性が問われることはない。それはフィクションであって現実ではないからだ。だが、その区別自体が近代的思考の産物だとすれば、私たちは何か大きな錯誤に囚《とら》われているのではないだろうか？

そもそも、「現実／虚構」という区分は決して盤石ではない。「この作品はフィクションであり、実在する人物、地名、団体等とはいっさい関係ありません」という常套句《じょうとうく》が逆説的に示しているのは、現実といっさい無関係なフィクションなどありえない、ということである。小説に登場する「中学生」が現実の中学生と、映画が映しだす「ニュータウン」の風景が現実のニュータウンと、マンガで描かれる「T大学」が現実の東京大学といっさい無関係であれば、私たちは何を見ているのかもわからなくなる。全く関係ないのであれば、わざわざ無関係だという必要はない。この常套句が示しているのは、近代社会においては――「社会／自然」と同じように――フィクションは常に現実と混ぜ合わされながら区別されなければならない、ということである。

ラトゥールが指摘した近代的思考を支える二項対立、「社会／自然」、「人間／非人間」、「主体／客体」に、新たに「現実／虚構」の区分を組み合わせることもできるだろう。現実と虚構を切り離さず両者を横断しながら機械と人間の関係を捉え直すことは可能であり、ＡＩやロボットと呼ばれる機械人間はその格好の対象でもある。「ロボット工学（Robotics）」という言葉がＳＦ作家アイザック・アシモフの造語であることが示すように、機械人間における現実と虚構の区分は極めて曖昧なものだからだ。実際、日本のロボット開発における「鉄腕アトム」、米国のAI開発における「HAL9000」(『2001年宇宙の旅』に登場する人工知能)のように、科学者が目指す知能機械のイメージ自体がフィクションに大きく依存している。

クロード・レヴィ＝ストロースが分析したアメリカ大陸の膨大な神話群が示すように、非近代社会における動物と人間の融合は「いつかの過去」、この世界に存在するものの起源が描かれる場において際だって現れる。これに対して、近代社会における機械と人間の融合は、科学が切りひらく「いつかの未来」において夢みられる。彼方《かなた》にある過去／未来によって現在を基礎づける営みにおいて人間と非人間の融合が想定されるからこそ、「動物人間」や「機械人間」は人類が生きる現在を規定し、調整し、改変する契機となってきたのである。

非近代社会における動物人間の形象が示しているように、完全には制御できない人間以外の存在との関係を軸にして社会関係を形成することは人類において珍しくない営為であり、機械人間と対称的な関係を取り結んできた近代人もまた、その例外ではない。機械と人間が結びつくことで生まれる第三のエージェントを、私たちはこれまでも完全には制御などしてこなかったのであり、人間が「自ら作りだした」機械を必ずしも制御できないことは、原子炉廃炉問題を想起すれば一目瞭然だろう。

テクノロジーの素材や使用環境において明らかに人間以外の存在をあてにしているものにもかかわらず、私たちは技術を自ら作りだし、それを制御していると思い込んでいる。山の一部に手を加えて見事な里山を作ったからといって土石流の危険は残る。それは、鉱山や実験室から得られた素材で原子炉を作ったからといってメルトダウンのリスクが残るのといったい何が違うのか。里山も原子炉もコンピュータもロボットもＡＩも人間以外の存在と人間が関わるなかで生みだされる。いずれも人間が無から作りだしたものではなく、人間が完全に制御できるものでもない。技術の制御を自明とする近代的発想を離れれば、「自然と調和した伝統技術」と「自然を道具化する近代技術」の対立も消える。それらは「非人間への生成」のいくぶん異なる道筋として捉え直されることになるだろう。

機械カニバリズム

自己によって完全には制御できないものとの対称的な相互作用のあり方を、ブラジルの人類学者エドゥアルド・ヴィヴェイロス・デ・カストロは、南米における「カニバリズム」のなかに見いだしている。彼が論じるトゥピナンバの人々において、カニバリズムとは、敵を捕獲し、仕留め、儀礼的に食することに関する入念なシステムとしてある。同じ言語や習慣をもつ民族によって捕らえられた捕虜は、厳かな儀礼が行われるまで、捕獲者たちのそばで十分に長い期間生きることができる。捕虜は行き届いた世話を受け、儀礼の準備のあいだ、監視を受けながら自由に生活する。これは、他集団の男性を自集団の女性の夫として迎えるときの慣習である。捕虜は義理の兄弟として扱われるのであり、実際かつてのトゥピは「敵」と「義理の兄弟」に同じ呼称を用いていた。儀礼的な食人を通じて吸収されるものは、敵と食するものの関係であり、自己に対する視点としての他性であると彼は論じている。[13]

ヴィヴェイロス・デ・カストロがいうように、カニバリズムが「他者の視点から自らを捉え、自己を他者としてつくりあげるための営為」であるとすれば、食人を忌避する近代社会においては、他集団の人間ではなく、人間と部分的に類似する人工物、すなわち機械を対象として同様の営為がなされてきたといえるだろう。実際、ロボットやＡＩの研究開発においては、「人間に似た機械を作ることによって人間を理解できる」という構想が繰り返し提示されてきた。こうした発想は、近代的思考の端緒の一つであるデカルトの動物＝機械説にまで遡《さかのぼ》ることができるだろう。

教科書的な説明において「デカルトは、動物や人間の身体《からだ》を時計などの機械と類比的なものとみなすことで、諸存在は固有の目的や形相を実現する本性をもつとするアリストテレス自然学を否定し、機械と同じく客観的な法則に従うものとして自然現象を把握し解明する近代自然科学の基盤を築いた」とされる。こうした一般的な説明において、デカルトの議論は、機械と生物という比較対象の外部から人間（デカルト）が行った客観的な比較として提示される。一方、動物を含む諸存在の運動の原理をそれらがもつ霊魂や欲望によって説明するアリストテレス自然学は、自然界の現象を擬人化したものであり、分析されるもの（自然）に分析するもの（人間）が誤って投影された、客観的でない主張として提示される。

これに対して、デカルトの動物＝機械説もまた、ある種の擬人化の産物として捉えられることを示したのがジョルジュ・カンギレムである。彼はまず、有機体と機械の間に類比性を見いだすデカルトの議論が、柱時計や懐中時計、水車、人工噴水、パイプオルガンといった一七世紀当時の先端技術に依拠していることに注目する。これらの機械は、斧《おの》や梃子《てこ》といった人間の運動と密接に結びついた旧来の技術に比べて、それらが円滑に作動しているときには人間の関与なしに自動的に動いているように見え、その限りにおいて自律的に動きまわる動物や人間身体と類似した存在として現れる。だが同時に、これらの機械はその動力を――斧や梃子ほど明示的ではないが――人間の働きに頼っており、特定の目的のために人間によって作られるものに他ならない。機械は、表面的には単体で作動するが、背後では、動力や目的や形態を機械に与える人間と常に結びついているという二重性をもつ。

動物＝機械説は、機械の二重性を自然の事物に重ねあわせることで構成される。自然の事物において「機械を制作し動力や目的を与える人間」に対応するものは神である。一六六二年に出版された『人間論』の冒頭でデカルトは次のように述べている。「身体とは、できうるかぎりわれわれに類似したものにするために神がまったく意図的に形づくった土でできた像または機械以外の何ものでもない、と私は想定する」。この記述に基づいて、カンギレムは、動物＝機械説は次の二つの条件が満たされてはじめて意味をなす主張であるという。それは第一に、動物＝機械（「身体」）を制作するものとして神が存在することであり、第二に、機械の制作に先立って生体がイデアとして与えられていることである。動物＝機械は、動力因としての神と形相因かつ目的因としての模倣すべき生体が先在してはじめて生じる。[14]

このように、動物＝機械説は、神による自然の制作を人間による機械の制作になぞらえて把握するという概念操作の産物であり、アリストテレス自然学とは異なる擬人化の形式をなす。そこでは、アリストテレス流の目的論的な生命理解が放棄されているのではなく、目的論の位置がずらされている。個々の生物の内部に設定されていた諸要因は神がそれを模倣して身体を作る生体のイデアおよび動力因としての神へと転置され、自然のうちにある合目的性が除去されることで、動物や人間身体をはじめとする自然物はそれに固有の目的や霊魂を奪い取られ客観的な規則に従う存在＝機械として把握される。こうした理論上の「生命の機械化」を通じて、自然物や動物の技術的な利用が正当化される。カンギレムは、この発想が西欧人の典型的な姿勢の前提をなすと指摘したうえで、それを次のように定式化する。

人間は、いかなる自然的な合目的性をも否定する場合にのみ、また、一見して霊魂を有するように見える自然を含めて、自己自身の外にある自然全体を手段とみなすことができる場合にのみ、自分を自然の主人にして所有者とすることができるのである。[15]

デカルトの動物＝機械説は、その一般的な理解に反して、対象（動物・機械・人間）を外部から分析者（人間）が客観的に分析するような外在的な比較とは言い切れない。機械に関してはその制作者として、生物に関してはその一部として、人間（比較するもの）は比較される対象に内在している。だが同時に、デカルトの議論はこうした比較の内在性を捨象することで成立している。まず、機械に特定の目的や形態や動力を与える制作者たる人間の存在が捨象されることで、客観的な規則に従って自律的に動作する機械の姿が得られる。そうした機械と類比的な存在として生物一般を捉えることで、目的因・形相因・動力因が生物の内部から収奪され、制作者としての神へと移動する。そして、信仰と理性を通じた神との関係によって、人間の半身である「人間精神」（思惟《しい》）が他の生物や人間身体（延長）が属する自然界から抜け出し、「自然の主人にして所有者」としての地位を獲得する。

デカルトが切り開いた「機械のカニバリズム」は、機械という他者の視点から自己を捉えることによって、人間を精神（思惟）と身体（延長）に分割する。こうした分割は、両者がいかに結びつきうるのかという有名な難問を生みだしたが、それ以上に困難な問題は、そもそも私たち人間のあり方においてどこまでが「身体」でどこからが「精神」に相当するのかがまったく自明でないことである。さらに、機械は人間が作りあげるものである以上、動物と違ってどのような形態や性質をもつようになるかはあらかじめ決定されない。機械には常に、「近い未来において」従来とはまったく異なるものへと変化する可能性がある。したがって、デカルトが生きた時代に作られた精巧な機械人形（オートマトン）がさらに発展すれば、人間に近い身体的機能をもつ機械が現れるかもしれないし、人間そっくりにふるまう機械が作られれば、それが人間的な精神をもつようになる可能性も否定できない。こうして、近代人は、「いつか近い未来に人間と同等な機械が作られるかもしれない」という予測を、希望と恐怖をないまぜにしながら、うわごとのように繰り返すようになったのである。

ただし、人間へと接近する機械に対する近代人の両義的な態度は、文学やSFや映画において表現されてきただけではない。カンギレムがいうように、動物と機械を同一視する概念操作によって、自分自身の外にある自然全体を手段としてみなすことが理論的には可能になったとしても、実際に人間が「自然の主人にして所有者」としてふるまうためには、自然を解明し制御する技術、より高度な機械が必要となっていく。それらの機械は、人間には不可能な速度や力や運動性を備える方向へと発展すると同時に、それらを制御する人間自身の身体と精神を機械において再現し、それを支援し拡張する方向にも発展する。重工業機械の開発が進み、生活の全域に物理的機械が配置される人工的な空間が世界中に広まっていく二〇世紀後半から二一世紀初頭にかけては、人工的空間自体を把握し制御していく人間の知的能力と、それを代替・支援する情報技術が大きな社会的関心を集めていく。こうした軌跡の延長線上において、情報処理機械という他者の視点から自己を捉え、機械が処理するデジタルな数列と自らの生を結びつけることで、機械の能力を自らの心身に摂取していく、機械のカニバリズムが現れているのである。

人間なきあとの人類学

見落としてはならないのは、デカルトの動物＝機械説が、実在する神をその不可欠な構成要素としていることである。人間が自然の「主人にして所有者」としてふるまえるのは、創造主である神と人間精神との間に透明な連絡通路が確保される限りにおいてである。

だが、人々が世界を正確に認識し、適切に世界に働きかける最終的な根拠としての実在する神は、カントが推進した理性批判を通じて次第にその必要性を弱めていく。世界の最終的な根拠としての実在する神は、到達しえない「もの自体」に置き換えられ、その代わりに、人間の経験的な領域から経験を規定する条件を構成する超越論的な主観のあり方（人間理性）によって、世界を適切に認識し適切に働きかけることの根拠が生みだされる。ミシェル・フーコーが「経験的‐超越論的二重体」と呼びなした、こうした人間の両義的なあり方において、世界の最終的な根拠たる権能が、実在する神から人間に部分的に委譲されていく。

こうしたカント主義的発想は、二〇世紀初頭に確立された社会／文化人類学（以下「人類学」と表記）とその旗印となった文化相対主義にも色濃く継承されている。だが、人類学は、世界中に暮らす人々の経験的な多様性にどこまでも注目する学問でもある。超越論的な理性において一なるものであるはずの「人間」は、その経験的な多様性において見いだされる、食人や呪術やトーテム信仰といった「一見して非合理的な」実践によって激しく動揺させられる。人類学は、一なるものとして超越論的な人間を一方に置き、極めて多様な経験的主体としての人間を他方に置いたうえで、両者の対立と調停がはかられる場として機能してきた。[16]

その主な調停策の一つが、文化相対主義に他ならない。「自然の事物としては同じものが文化によって異なる仕方で認識され意味づけられる」という文化相対主義の発想は、自然を解明する近代科学に特権的な位置を与えることで、「未開人」と呼ばれてきた人々に、世界を認識し解釈する権能、すなわち「文化」を割り当てることを可能にした。だが、こうした発想においては、異なる仕方で認識される「同じ世界」が自明の前提とされ、どこまでが「同じ世界」でどこからが「異なる認識」なのかの境界線自体を設定する権能が、暗黙のうちに人類学者を含む近代人に与えられている。

これに対して、「存在論的転回」と呼ばれる、二〇世紀末から今世紀初頭にかけての現代人類学の展開は、「一なる自然と多なる文化という二項対立の放棄」というラトゥールらによって提示された発想を、その学問的伝統である「現地の人々が生きる世界を彼らの視点から捉える（from the native's point of view）」という研究指針といかに接続するかという問いにおいて把握される。近代科学がもっとも的確に把握しうる現実に存在する世界が一方にあり、他方にそれを認識する異なるやり方（世界観）がある、という既存の設定を批判する存在論的転回においては、彼らが生きる世界を「現実に存在する世界」といかに結びつけていくかが改めて問題となっていく。土台となるのは、彼らが生きる世界は現実に存在する世界を彼らなりの仕方で作りあげていく実践の産物である、という実践論的な発想である。世界を作りあげていくさまざまな実践が世界に対するさまざまな認識を妥当なものとする。[17] そこにおいて、文化は単なる世界観の発露ではなく、さまざまな仕方で世界を制作し認識する実践の産物、文化＝自然として捉え直される。

だが、問題は、そうした複数の文化＝自然を俯瞰《ふかん》し比較する超越論的な視点を、人類学者はもち得ないことにある。比較の前提となる「同じ世界」はもはや、人類学の分析概念によっても人類学が暗に前提としてきた素朴実在論（科学的知識と世界の厳密な対応）によっても正当化されない。

全体を俯瞰する根拠が絶たれたとき、私たちにとって異質な人々が作りあげる世界（文化＝自然）を対象とする人類学的分析は、彼らが生きる世界との比較を通じて私たちが現実に存在する世界だと考えているものの前提やその可変性を示す営為として捉え直される。「人類学の哲学」を推進する哲学者パトリス・マニグリエが述べるように、そこで問題となるのは「人々が存在すると述べるものすべてが実際に存在すると認めることにあるのではなく、むしろ《私たちの》世界において現に存在しているものを、他者の世界において存在しているものとの《差異》においてよりよく理解すること」となる。[18]

存在についての自他の見解の違いは、世界に存在する同じ事物に対する認識の相違ではなく、「そもそもこの世界に何が存在するか」に関わる相違として現れる。突飛な話だと思われるかもしれない。だが、たとえば「霊感」の強い友人と接するとき、しばしば私たちは霊が実在する世界を彼／彼女が生きていることを多かれ少なかれ受けいれていないだろうか。あるいは、真昼のオフィスでは霊の実在など気にもとめない人であっても、真夜中の霊園では「何かいるかも」という想いを切り捨てることは難しいだろう。私たちが生きる世界はすべて同じではない。かといって、個人（あるいは文化）ごとにまったく異なる世界を生きているわけでもない。個々人の間で、あるいは個々人の内部で、それらは共存しながら部分的に繋がっている。

世界は一つではない。だが複数の独立した世界があるわけでもない。人類学者マリリン・ストラザーンの言葉を借りれば、この世界は「一よりは多く、複数よりは少ない（more than one, and less than many）」[19]。そして、誰もがそれらの部分的に繋がった世界を生きているのであれば、それらの全体を一望のもとに俯瞰できる「人間」など存在しないことになる。複数の文化を俯瞰する根拠となる「経験的－超越論的二重体」としての人間のあり方を前提としない比較のあり方を、本書では「人間なきあとの人類学」と呼ぶ。それはまずもって、この世界に存在するものについて異なる見解をもつ存在者同士の相互作用が、統一的な基準がないままに把握され変容していくプロセスに関わるものとなる[20]。

こうしたプロセスはまさに、発達しつづける知能機械と人間の相互作用に見いだされるものでもある。ＡＩやロボットと呼ばれる知能機械は、その技術的特性からいって人間と部分的に近く、部分的に遠い世界を生きている。たとえば、ヒューバート・ドレイファスやジョン・サールが二〇世紀末に展開した古典的計算主義批判は、知能機械が認知し行動する世界のあり方において、私たち＝人間が生きる世界に存在するもの（「常識」や「意味論」や「志向性」）が欠けていることを指摘した議論として読むことができる。[21]「機械に人間的知性を実装できるか」という計算機科学が掲げてきた問いに対する批判として展開された彼らの議論とは異なり、本書で焦点を合わせるのは、それぞれが「存在についての異なる見解をもつ他者」である知能機械と人間の相互作用の局面である。

これまで論じてきたように、ＡＩと呼ばれる知能機械が、あらゆる技術がそうであるように人間によって完全に制御される存在ではないのであれば、機械と人間の相互作用は、それぞれに異なる世界を生きるもの同士の関わりとして捉え直される。知能機械へと生成しつつある私たちの現在、そのなかにある未来の可変性は、なによりもまず、人間と知能機械の具体的な相互作用の場面を詳細に検討することによって探りだされるだろう。次章からは、将棋電王戦を中心として現代将棋におけるプロ棋士と将棋ソフトの相互作用の軌跡を追跡し、知能機械との結びつきを通じて私たちはいかなる仕方で変容しつつあるのかについて考察する。

第二章 ソフトという他者

中心と周縁

なぜ本書では、自動運転のように人工知能技術の本格的導入が推進されている領域ではなく、将棋を取りあげるのか。それは、第一に将棋がさまざまな社会的・文化的背景のなかで親しまれてきた遊戯であり、私たちと知能機械との関わりをより広い視角から捉えることに適した領域だからである。

はじめて将棋を生業《なりわい》にするものが現れた一六世紀後半以降、将棋指しは、時の体制的秩序の中心部と周縁部にまたがる独特の分布をなしてきた。江戸初期、放浪芸人の一種であった将棋師の一部が徳川幕府によって召し上げられ、名人を代々輩出する家元御三家として制度化される。その一方、賭け将棋や技芸で路銀を稼ぎながら全国を旅する将棋指したちは、放浪芸人としての形態を維持していた。[1]社会学者・酒井《さかい》隆史《たかし》は、こうした二つの異質な空間が交叉《こうさ》する場面を、「近代将棋の祖」と呼ばれる関根《せきね》金次《きんじ》郎《ろう》が明治一〇年代に赴いた諸国遍歴の旅に見ている。

> 関根の旅は、たとえ日銭が切れたとしても、ともかく手拭があればなんとかつづくのだった。もし手拭を手放したとしても、ふんどしをそれに見せかけて難局をしのぐことができる。いったい、なぜだろうか？　それは、あの任侠《にんきょう》の者たちが手拭をもって旅をつづけるのとおなじ理由からである。[……]「私は〇〇のこういう将棋指しであって、ご当地ははじめてのこと、何分にもよろしく」と口上を述べながら、「ほんの土産のしるしまで」と、紙に包んだ一本の手拭をさしだす。すると先方は、たとえ多忙を理由に追い返すにせよ宿泊させるにせよ、あるいは将棋を指さないにしても、その手拭を丁重に返しながら、草履銭を五銭、一〇銭と紙に包んでわたすので

ある。[2]

慶応四年生まれの関根は当時一七歳。前述の家元御三家の一家である伊藤家当主にして最後の家元制名人・伊藤宗印《そういん》（十一世名人）を師匠にもち、その実力は二段の腕を誇る関根であったが、それでも東京に定住して生計を立てるのは難しく、各地を旅して賭け将棋で糊口《ここう》をしのぐしかなかった。だがそれは裏を返せば、幕藩体制による地理的分割の影響がいまだ色濃い明治初期において、「強い将棋指しが外からやってきた」という知らせが、大の大人を養うに十分な価値をもっていたことを示している。

酒井は「江戸幕府は、人々の織りなす多様体を、身分制という位階的秩序によってコード化し、そこから溢《あふ》れでる諸要素に対してもこの身分制的コードでもってあたった」と述べている。[3] ただし、家元制度が「コードから溢れる要素に対するコード」であるならば、家元御三家と放浪芸人という二つの極を中心としてたがいに異質な空間が共存する状況は、身分制的コードによってすべてが統制されていたわけではなかったことを示している。つまり、将棋という遊戯は、家元制度によってコード化されることで体制の中心と結びつくと同時に、放浪する将棋指しを介してコード化から溢れ出る周縁的な諸要素とも結びついていた。だからこそ「どこの誰が本当に強いのか」は曖昧なままであり、地理的な分割を横断する将棋指しの旅やそれに伴う賭け将棋が価値をもち得たのだと考えられる。

社会／文化的な中心と周縁を媒介する遊戯としての将棋のあり方は、関根金次郎を中心にして実力制名人制度と将棋連盟が確立され、新聞社の後援の下に公平に実力を問う競技へと将棋が変貌していく過程においても失われなかった。むしろ、その過程自体が、大都市・大阪の周縁部からやってきた異形の将棋指し阪田《さかた》三吉《さんきち》と関根金次郎のたびかさなる激闘が新聞を通じて広く喧伝されたことによっても支えられていた。地理的分割に基づいた身分制的コードから新聞などの均質な情報媒体に基づいた近代的コードへの移行が進むなかでも、コードから溢れ出る周縁的な要素は「本当に強いかもしれないどこかの誰か」という仕方で体制の中心部と結びついていったのである。

一九四九年に社団法人となった日本将棋連盟は、全国紙と地方紙を含む新聞各社や日本放送協会（ＮＨＫ）の後援の下に、全棋士（フリークラス以外の）が参加する順位戦、名人戦をはじめとする八つのタイトル戦、全国各地から有望な少年少女を集めてプロ棋士を育成する奨励会などの制度を整えていく。「奨励会を勝ち抜いてプロになった棋士の対局を、アマチュアの将棋指しである将棋ファンが観戦する」という戦後将棋界の基本的な構図は、かつての家元制度と放浪芸人を中心とする二つの異質な空間を、プロ棋士自身が運営する将棋連盟によって統合するなかで確立されたものである。とはいえ、賭け将棋で生計を立てる「真剣師」のなかでも屈指の実力を誇った小池《こいけ》重明《じゅうめい》が一九八〇年代にアマ棋界の頂点に立ちながらも素行不良を理由にプロ編入を断られた出来事や、米長《よねなが》邦雄《くにお》永世棋聖（「棋聖」はタイトルのひとつ）が「兄たちは頭が悪いから東大へ行った。自分は頭が良いから将棋指しになった」とうそぶいたという逸話（先輩棋士・芹沢《せりざわ》博文《ひろぶみ》が冗談で広めた）が示すように、社会の中心と周縁を媒介する将棋のあり方は、プロ棋士と真剣師の共存、あるいは知的エリートであり無頼派でもあるという棋士の二重性のなかで維持されてきたとも言える。

そして、真剣師が各地から姿を消し一流大卒の若手棋士が増えた二一世紀初頭に、周縁から現れた

「本当に強いかもしれないどこかの誰か」こそ、将棋ソフトなのである。先端技術の産物であるソフトウェアを周縁部に位置づけるのは奇妙に思われるかもしれない。だが、前章で述べたように文脈に依存しないデジタルな情報の処理を通じて人々の脱文脈的な活動を支援し拡張してきた情報技術は、体制的なコードから溢れ出す周縁的な行為や思考とも密接に関わっている。それは、「便所の落書き」と呼ばれるような書き込みが公衆便所の壁から消去され、「2ちゃんねる」(現「5ちゃんねる」)などのサイトへと移動してきたことからも明らかであろう。もちろん、情報技術自体は周縁的ではない。デジタルな情報処理は何が中心的で何が周縁的かという文脈に規定されないために、既存の秩序からすれば周縁からの流入とみなされるような運動を促進しうるということである。

本書で将棋を取りあげる第二の理由は、それが勝ち負けをきめる勝負であり、規範的な制約が比較的利きにくいために、人間と知能機械の相互作用をより広い範囲で観察できるからである。自動運転や医療機器では、知能機械の人間ばなれした判断や動作が人々の安全を脅かさないように細心の注意と規制が必要とされる。だが、勝負においては、どんなに異様な指し手であろうとも勝てば認められる。実際、将棋の歴史は、従来の将棋観からすれば異質な指し手によっても駆動されてきた。後の十四世名人・木村義雄と対峙《たいじ》した「南禅寺の決戦」において阪田三吉が繰りだした「阪田の端歩突き」、「新手一生」を掲げた升田《ますだ》幸三《こうぞう》が考案したさまざまな新手や新戦法、羽生世代のなかでも遅咲きの棋士・藤井猛によって一九九〇年代に考案され序盤戦術に革命を起こした「藤井システム」。いずれ劣らぬ個性的な面々によって、将棋戦術は刷新されてきた。

しかしながら、二〇一〇年代後半の現在において、こうした戦術面での革新は、将棋ソフトと無関係には語れないものとなっている。将棋電王戦終了後、棋士同士の研究会よりも強豪ソフトを用いた研究を重視する棋士が増え、従来は不利とされてきた局面に対するソフトの肯定的な評価を根拠としてさまざまな指し手が現れるようになった。新たに主流となった戦型を苦にしない若手棋士がタイトル戦を勝ち進み、三〇年間ちかく続いてきた羽生善治を筆頭とする羽生世代の上位独占もついに崩れつつある。

もちろん単純にソフトの指し手を真似る棋士が強くなったわけではない。だが、主要な戦型選択から攻撃に移るタイミングの判断、守備陣形の評価に至るまで、将棋ソフトからの影響をぬきにして現代将棋を捉えることは難しい。プロ棋士たちは、電王戦における人間ばなれしたソフトとの激しい戦いを経て、従来の将棋観からは異質と思われる新たな行為や思考を形成しつつある。中心と周縁を媒介する将棋界のあり方もまた、電王戦の全局生中継を担った株式会社ドワンゴがＩＴ関連企業としてはじめてタイトル戦（「叡王戦《えいおうせん》」）を主催するに至って、少なからず変化を被っている。

こうした一連の変化の源となった将棋電王戦において、棋士とソフトはいかなる仕方で関わりはじめたのか。まず取りあげるのは、第二回電王戦の第三局、船江《ふなえ》恒平《こうへい》と将棋ソフト「ツツカナ」の対局である（以下では、棋譜、つまり、過去に行われた対局の記録を参照しながら議論をすすめる。将棋になじみのない読者のためになるべく丁寧な説明をこころがけたが、個々の駒の動き方などの説明は煩瑣《はんさ》になるので省略した。基本的なルールや用語についての説明は、日本将棋連盟ウェブサイト「将棋の基礎知識」https://www.shogi.or.jp/knowledge/shogi/01.html などを参照されたい）。

パンドラの箱

将棋電王戦シリーズは二〇一二年から二〇一五年にかけて四回にわたって開催された。第一回電王戦では、すでに引退していた米長邦雄永世棋聖が将棋ソフト「ボンクラーズ」に惜敗。翌年に開催された第二回電王戦は、現役のプロ棋士五人が世界コンピュータ将棋選手権上位五ソフトと団体戦で戦う本格的な勝負として大きな注目を集めた。

第一局は、新鋭・阿部《あべ》光瑠《こうる》が「習甦《しゅうそ》」の早い仕掛けを見事に咎《とが》めながら終始危なげなく優勢を築いて快勝。第二局は、佐藤慎一が「ポナンザ（Ponanza）」の粘り強い守備の前に細かなミスを重ねて押し切られる。下馬評として挙げられていた「いくらソフトが強くなっても論理的な計算しかできない機械。人間的な直観や大局観を極めた棋士には勝てないだろう」といった見解、「いくら棋士であってもヒューマンエラーはある。計算を間違えることのないソフトには勝てないだろう」といった見解。そのどちらも正しいように見える結果を受けて行われた第三局は、電王戦シリーズのなかでも屈指の熱戦となった。

先手は関西の俊英・船江恒平、後手はコンピュータ将棋選手権三位の「ツツカナ」。序盤、船江はツツカナの無理ぎみの攻めを丁寧に抑えこんで攻勢に出るが、ツツカナも粘り強く守って簡単に土俵を割らない。やや船江優勢で迎えた九四手目、ツツカナが奇妙な動きを見せる。銀をタダで捨てる△6六銀（図2）。この一見して意味のわからない手は船江を激しく動揺させた。彼は自戦記のなかで次のように振りかえっている。

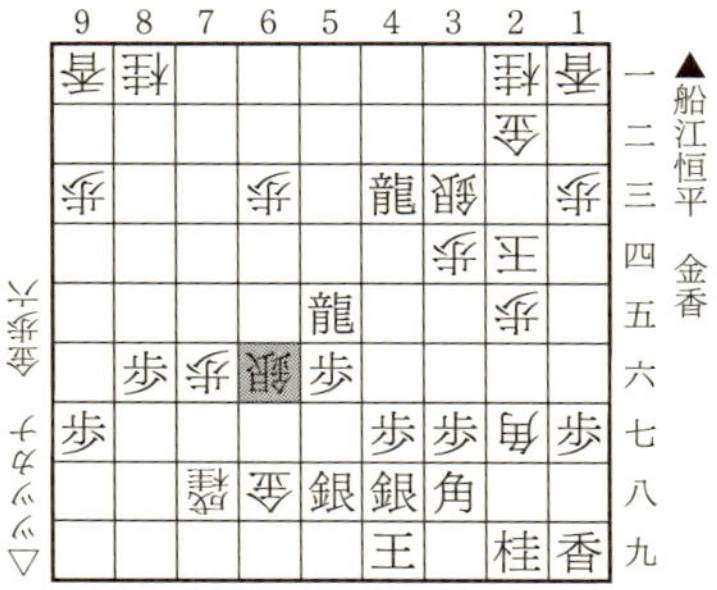

第94手△6六銀まで

図2　第二回電王戦第三局　船江恒平―ツツカナ戦　九四手目

受け切った。そう思った次の瞬間、信じられない手が飛んできた。

△6六銀。終盤も終盤、ド急所の局面で読みにない一手を指され、私は本能的にやられたと思った。緊張、不安、焦り、色んな感情が心の中で激しく渦巻いている。

私は暴れる心を押さえつけ、局面に向かう。

すると不思議なことが起こった。

いくら考えても△6六銀はタダにしか見えない。何度も何度も確認し、私は▲6六同龍と取った。[4]

ツツカナは7五の地点（図2の右上端から横軸で左に7番目、縦軸で下に五番目のマス）にあった銀を6六に進めた（この着手を「△6六銀」と表記する。▲は先手の、△は後手の着手を示す）。次に5五にある相手の龍を取れる位置ではあるが、▲6六同龍と龍で銀を取られると他の駒で龍を取ることができない。代償もなくただ取られるので「タダ捨て」と呼ばれる手である。だが、この手には、銀を犠牲にして相手の龍を動かすことで、自分の玉を安全にして相手の玉を包囲する狙い（△6六銀▲6六同龍△5八金▲5八同玉△3八角成）があった。自駒のタダ捨てによって攻守を逆転させる手順はプロの対局でも時折見られるものであり、成立すれば名手として賞賛されることも多い。

しかしながら、実際にはこの手順は一手遅く、先に自分の玉を詰まされて負けてしまう手順であった。△3八角成に続けて先手に▲1五銀とされると、そのまま王手が続いて一九手ほどでツツカナの玉が詰んでしまう。つまり、△6六銀は代償として得られる戦果のない、純粋な「タダ捨て」だった。船江が「タダにしか見えない」と述べているのは、何らかの代償があるはずの銀のタダ捨てが代償の得られないタダ捨てにしか見えない、という意味である。船江が▲6六同龍と龍で銀を取った時点で再計算したツツカナは、それまで読んでいた相手の玉を寄せる手順ではなく、一転して守りを固める手（△4二歩）を選んだ。対局終了後に行われた検討の結果では、ここで先手が6六同龍と銀を取るのではなく、龍を取らせるかわりに角を取る手順（▲2七角△5五銀▲5七角）を選べば明確に先手が勝つという結論がでている。△6六銀の「わからなさ」に動揺した船江は、結果的に▲6六同龍という やや緩い手を選んだことになる。

再び終盤の入り口に戻った局面において優勢を確信した船江は攻撃陣を立て直し、急所の端攻めに出る。だが、このときすでに船江の思考には微妙な狂いが生じていた。彼は次のように記している。

思えばこの辺りから私の精神は不安定な状態になっていたのかもしれない。

［……］

手番が回り▲1六歩。

待ちに待った▲1六歩。

そして私は思ってしまった。

勝ちになったんじゃないか。
いや間違いなく勝てる。
遂《つい》に私はパンドラの箱を開けてしまった。
実際にこの局面は本局で私が最も勝ちに近づいたところだったと思う。
だが私の精神のタガは外れてしまった。
勝ちの魔力に取り憑かれ興奮状態の私。
これはもらった。
後は端を攻めるだけだ。
▲1七桂《けい》〜▲1五歩と一気に攻めていく。
対して△2六歩〜△1五同歩と従順なツツカナ。
良し。次は▲2五桂だ。
あれ待てよ。
△2四銀の時に桂取りになり少しややこしいか。
じゃあ▲2五桂打でヒモを付けておけばいいか。
そう思った瞬間私の手は動き、▲2五桂打と指していた。
そして着手と同時に私は事の重大さに気付き愕然《がくぜん》とした。
こんな大悪手はない。
△2三金打。

私の悪手はしっかりと咎められた。

「……」

早く勝って、楽になりたい。その誘惑に私は負けてしまったのだ。

決着を焦った船江は悪手を繰り返す。優勢だったはずの局面は収拾がつかなくなり、ツツカナが着実な反攻に出る。一八四手の長手数に及んだ戦いは、船江の敗北に終わった。

点と線

この一局には、将棋をめぐる人間と機械の相互作用における重要な論点が豊富に埋め込まれている。まずはそれらを一つずつひもといていこう。

本局の帰趨《きすう》を決したツツカナの奇手「△6六銀」からの数手のやりとりは、棋士とソフトが将棋というゲームに関わる仕方が著しく異なっていることを示している。両者の一般的な違いを表現するものとして、電王戦の最中から頻繁に用いられるようになったのが「点」と「線」という対比である。たとえば、電王戦ＦＩＮＡＬ（二〇一五年開催）で棋士側の大将格を務めた阿久津《あくつ》主税《ちから》は次のように述べている。

> 人間は、前からの手を継承する「線」で考えます。だから「線」が繋がらない時は、何か勘違いがあったと考えるし、予定変更を余儀なくされたのかなと考えて、次の一手を選びます。コン

ピュータは、一手指すと、その局面で考えた新たな手を加えてくることがあるので、二手先、三手先とで最善手が変わるというか、人間ならこの流れにならないという手が出てきます。その意味では、「点」で考えているといえます。人間は、一手前とは違う人が指したような手に対応しなければならないので、読みの量は増えるし、疲労もたまるわけです。[6]

メディアで棋士が取りあげられるとき、将棋を指さないインタビュアーから「一度に何手くらい頭の中で考えているんですか?」と聞かれた棋士は、しばしば答えに窮する。この質問の前提となっている「プロ棋士ならば、膨大な数の可能性を考慮してから最善手を選んでいるはず」という発想が実情に合っていないからである。むしろ、棋士の実力を支えているのは、前後の流れを捉えながら適切な可能性を速やかに絞り込んでいく能力である。より多くの指し手を考慮した(「読んだ」)からといって勝てるとは限らないので、読んでいる手の数の多さが棋士の実力を示すように言われると困惑するのだ。

棋士がいかに前後の指し手を繋ぐ「線」を重視しているかは、彼らが対局中しばしば、それまでの指し手が記された棋譜を記録係から受けとって眺めることにも表れている。なぜまだ終わっていない対局の最中にその記録を確認するのか。羽生善治は次のように述べている。

対局している最中に、ときどき隣にいる記録係から棋譜を借りて眺めることがあります。もちろん、プロなら誰でもそれまでの手順はすべて頭に入っていますから、何を指したかを確認しているわけではないのです。

一つにはそれまでに消費した持ち時間を確認しているのですが、より重要な点はそこまで進んできた指し手の流れを見ることにあります。それも一〇手くらいのレンジではなく、二〇手とか三〇手の間で進んできた流れを確認する作業なのです。

つまり、今この局面にはどういう流れで、どんな方向性で到達したのかという状況を把握するために棋譜を見ているのです。それは棋譜を見なくてもできるのですが、見ながら考えた方が自分の中で消化して考えをまとめることができて、それが結果的に次に何をやるかの大きなヒントにつながることがあります。この手順の流れできたからには、次はこの手が自然であり、この手でうまくいかなければおかしい。棋譜を見ながら、そんなことを考えていくのです。[7]

羽生のいう「流れ」の含意は、阿久津のいう「線」とほぼ変わらない。船江の自戦記で言えば終盤に端歩をつく▲1六歩を「待ちに待った」ものとして捉える感覚、ある局面の一手を前後の膨大な指し手と結びつけ特定の方向に沿って組織していく思考のあり方に対応する表現である。あえて、「線」という表現が使われるようになったのは、将棋を語るうえで当たり前の語彙となっていた「流れ」が、ソフトの指し手によって相対化されたからだと考えられる。つまり、「流れ」に頓着しないソフトの登場によって、従来の語り口が見直されていったのである。

プロ棋士は、膨大な局面の分岐を、無数の支流からなる豊かな流れ、いうなれば一つの複雑な物語として捉える点において優れた能力をもつ。それは、二〇歳そこそこでプロデビューした若手棋士であっても、自分の対局を振りかえる際に、豊かな表現を伴う精緻な文章を著すことにも表れている。船江の自戦記もまた、起伏に富んだ物語を紡ぎだす鋭敏な思考のなかで指し手の選択がなされていることを示している。

これに対して、将棋ソフトは、現在の局面から想定される膨大な分岐を生成したうえで、自分がもっとも有利になる指し手を選択する。候補となる指し手に続く手の応酬の先に現れる個々の局面において、どちらがどれほど有利であるかを示す「評価値」と呼ばれる値を「評価関数」と呼ばれる関数によって算出し、自分にとってもっとも有利な評価値が与えられた局面へと進む候補手を選択するのである。局面が進めばそのたびごとに計算を行い、それまでに指された手は考慮されない。結果として、ソフトと戦う人間は「一手前とは違う人が指したような手に対応しなければならないので、読みの量は増えるし、疲労もたまる」ことになる。評価値によって方向づけられるソフトの数値的思考によって、一連の出来事を流れに沿って捉える人間の物語的思考が相対化されるのである。

ツツカナの指した「△6六銀」→「△4二歩」という二つの手は、まさに数値的思考の特徴を示している。銀をタダで捨てることで攻守の速度を逆転させ、勝機を引き寄せようとした△6六銀は、棋士が指せばまさに「勝負手」（やや不利と思われる局面において展開の複雑度を引き上げることによって勝機を生みだそうとする指し手）であり、それが無意味であることに気づいた時点で大きなショックを受けるのは避けがたい。だが、▲6六同龍とされたツツカナは再び計算し、「一手前とは違う人」のように△4二歩と守りに入る。この手の選択には、前手△6六銀が無意味なタダ捨てであったことはまったく関与していない。むしろ、このやりとりに激しく動かされたのは船江のほうだった。銀をタダで取れる▲6六同龍は、一見して悪手のようには思えない。銀を入手すればツツカナの玉に詰みが生じる。苦闘の末の勝利が見える。「線」の終着を導くように思われた一手は、だが、ツツカナの計算においては広大な可能性の空間において処理しうる「点」の一つにすぎなかった。船江の物語的思考（線の思考）とツツカナの数値的思考（点の思考）がすれ違いながら局面が進行するなかで、△6六銀は立派な勝負手となったのである。

棋士である遠山雄亮《とおやまゆうすけ》は、▲6六同龍ではなく▲2七角で先手の勝ちとしながらも「△6六銀ならば▲同竜が後の詰み（△5八金▲同玉△3八角成に▲1五銀以下の詰み）をみてこう指したくなるもの。人間相手なら△5八金ときて、以下詰まして終了という呼吸でしょう」と述べている。[8] だが、ツツカナの「△4二歩」は、対局者同士の「呼吸」といった表現に基づく棋士の将棋観に鋭い疑義を突きつけるものでもあった。

棋士が膨大な指し手の分岐のなかに見いだしていく「流れ」は、対戦相手とともに作りあげられる。「呼吸」という言葉は、おたがいの思考が同期していく様を表している。もちろんおたがいが相手よりも有利になるように指し、それを正確に予想しながら相手のもくろみを超えようとする。結果として棋士同士の対局は、おたがいの思惑を隠しただましあいのようなものにはなりにくい。むしろ、実力が高い水準で伯仲するほど相手にとって何が最善であるかも予想できるために、指し手の応酬はある種の客観性を帯びる。「（棋士であれば）誰が指してもここはこれしかない」というわけだ。たがいの最善手を正確に探るなかで適切な「流れ」が確定されていく。だからこそ、棋士は、個々の局面について「ここはすでに自分が悪い」といった表現よりも「ここはすでに先手（後手）が悪い」

といった表現を好んで使う。こうした、棋士による局面の検討は、将棋というゲームを客観的に解析する「棋理《きり》の探求」として捉えられる。だが、船江―ツツカナ戦が浮かび上がらせたのは、そのような客観性は人間同士の相互作用に伴う慣習によって支えられたものであり、ソフトによる計算においては考慮されない人間的な「先入観」にすぎないのではないかという可能性である。第二回電王戦第二局において、現役棋士としてはじめての敗北を喫した佐藤慎一は次のように述べている。

> ソフトが意外な手を指してきて、自分の将棋が広がった感覚がありました。［……］「それはない」と思う筋が、考えると有力とわかってくる。将棋には無限の可能性があることを教えられました。将棋を20年以上やってきて、いつのまにかこびりついていた先入観という垢《あか》を落とせた気がする。[9]

将棋ソフトはまずもって、棋士が育んできた将棋観を揺るがす異質な他者として現れた。棋士が鍛えてきた精緻な物語的思考。それが人間の思考に一定の制約を与えるものでもあることが、流れを考慮しないソフトの数値的思考と関わるなかで明らかになったのである。だが、棋士にとってソフトの思考が異質であるように、ソフトにとっても棋士の思考は異質なものとして現れる。次はソフトの視点から、再び船江―ツツカナ戦を検討してみよう。

フレームの外側

将棋ソフトは局面ごとに計算する対象を確定し、その範囲内でもっとも評価関数による評価の高い指し手を選ぶ。簡潔に言えば、現局面からN手先までの指し手の分岐を生成し、N手先にもっとも評価値が高くなる候補手が選択される。ただし、N＋1手先からの指し手の応酬を通じて、当初の指し手が不利な状況を招いたことが判明する可能性は常に残る。局面や探索の種類に応じて何手先まで読むかを変化させることは可能であり、開発者の手腕が問われる部分でもあるが、そのたびごとに確定された計算のフレームを超えて読むことはできない。

こうした制約は、ソフトがしばしば敗勢に陥った局面において単に敗北を引き延ばす手を繰り返すことにも繋がっている。N＋1手以降でより劣勢に立たされるものであってもN手先の評価値がより高い指し手が選ばれるためである。N手先まで読んで最善と判断した指し手が、N＋1手以降の展開によって悪手となってしまう。フレームの厳密な確定という制約がソフトの指し手にネガティブな影響をもたらすこうした現象は、「水平線までは見えてもその先は見えない」ことにたとえて「水平線効果」と呼ばれている。[10]

ツツカナの奇手「△6六銀」もまた、この手を選んだときにソフトが計算した対象の範囲内では、明らかな最善手（もっとも評価値の高い候補手）だった。そうでなければこの手は選ばれない。ツツカナは、銀を犠牲にすることで相手の龍を機能停止に追い込み相手の玉を包囲する一連の指し手（△6六銀▲6六同龍△5八金▲5八同玉△3八角成）を最善と評価して、△6六銀を選択した。だが、そこで考慮されたフレームの内には、七手先に生じる▲1五銀以下一九手の詰みが存在していなかった。△6六銀は、電王戦シリーズにおいて水平線効果がもっとも鮮烈なかたちで現れた一手なのである。

アマ初段程度の棋力しか持たない筆者であっても、ツツカナの読み筋には強い違和感を覚える。人間の将棋指しの場合、終盤の局面で相手に駒を渡しながら攻め込み、王手ではない手（△3八角成）を指して相手に手番を渡す筋を読むときには、逆に王手の連続で詰まされてしまわないか特に注意するものだ。悠々と攻めているつもりが一手のスキをつかれて詰まされてしまうことを将棋界では「頓《とん》死《し》」という。日常的にはあまり使われない言葉だが、優勢に立って油断した者が一瞬で倒されるという話の流れは、戦隊ヒーロー物や時代劇等において多くの人が慣れ親しんだものだろう。アマチュアであっても、強くなる過程でたびたび頓死を経験し、終盤に潜む危険な伏流や一発逆転のチャンスとして強く意識するようになる。アマ初段レベルでは足下にも及ばないプロ棋士に勝利したツツカナが、そうした基本的な警戒を怠ることは非常に奇妙に思われるのである。

人工知能研究においては、開かれた環境において行為に関係する要素を確定することの難しさが「フレーム問題」と呼ばれ、最大の難問の一つとされてきた。知能機械がある環境において行為する際には、その行為に関連する要素の集合（フレーム）を確定したうえで計算し、行為を決定するという方法が主にとられてきたが、開かれた環境で有効なふるまいを実現しようとするとフレームを確定することが難しくなるという問題である。

ただし、将棋や囲碁、オセロのようなゲームにおいては、対戦する二者が関連する情報すべてにアクセスできる。麻雀《マージャン》やポーカーのように相手の手の内が見えないということがなく、偶然性が介入する余地もない。「二人零和有限確定完全情報ゲーム」と呼ばれるこうしたゲームにおいては、フレームが設定できないという問題は理論的には生じない。だが、限られた計算力と時間的制約のなかで動作せざるをえない人間との具体的な相互作用の場においては、確定されたフレームの外部にある要素が関わることでソフトの動作の意味が変化し、行為のフレームを厳密に確定せずに行為する人間との齟齬《そご》が顕在化する可能性が常に残る。水平線効果もまた、フレームを確定したうえで動作するソフトが人間と相互作用する実践的な場で生じるフレーム問題として捉えることができるだろう。

物語と数値

以上で検討してきたように、将棋をめぐる人間と機械の思考はどちらも限定されている。だが、制約のされ方は異なる。ソフトの数値的思考は計算のフレームによって限定される。人間の物語的思考は流れの把握において限定される。人間と機械はともに異なる檻《おり》に閉じ込められていて、たがいが住まう閉域の外部があることをたがいに示すことのできる関係にある。

フレームを確定することで機能するソフトの数値的思考の限界は、思考の範囲を厳密に固定しない人間によって超えられる。ツツカナが最適解として選びだした「△6六銀」に潜む詰みの可能性が、船江の鋭敏な物語的思考によって直ちにつかみ取られたように。人間が活用する物語的思考の限界は、流れを考慮しない機械によって超えられる。銀のタダ捨てが無意味であったことのショックなど微塵《みじん》も感じさせない——正確にはショックを感じる機能をもたない——ツツカナの「△4二歩」以降の指し手によって、船江の思考が次第に狂わされていったように。

フレーム問題は、ロボットやAIと呼ばれる知能機械が、行為に関係する要素を確定することによって機能するにもかかわらず、開かれた環境においては行為に関係する要素を確定することが難しいという問題である。それは時に、人間的な知性を知能機械によって再現することの困難として捉えられてきた。たとえば、柿倉正義は、人間のもつ「常識」をいかに付与するかがロボット研究の最大のボトルネックとなってきたとする一九九〇年代末の文章のなかで、次のような例を挙げている。

いま、部屋のなかを掃除するロボットを考えてみます。このようなロボットの素朴なものは一部の会社や事業所などでデモンストレーションをかねて使用されていますが、これらは床に落ちているものをすべて吸い込んでしまうものです。ところで、このようなロボットを本当に家庭で使用できるでしょうか？　我々が部屋を掃除するとき、何でもかんでも吸い取ってしまうなどということをするでしょうか？　そうではありません。紙切れが落ちていればその紙切れが本当にゴミなのか、あるいは何か重要なことが記されているメモなのか判断するでしょう。また、丸めた紙屑《かみくず》が落ちていれば、それが鼻紙のような単なるティッシュペーパを丸めたものなのか、あるいは中に何かが包まれているのかを調べるでしょう。このようなことを、ことほど左様にすべての場合にわたってプログラムし指示しておくとすれば、本来の掃除をするというプログラムの部分に比べて膨大なものになってしまいます。[11]

柿倉の文章は「常識」に焦点を当てたものだが、フレーム問題の具体例としても読める。「丸めた紙屑」はゴミなのか有用なメモなのか。あるいは不要なメモであり、やはりゴミなのか。丸められたメモが有用であるか否かは、掃除をする人の暮らしの流れにおいて流動的に決められる。その判断は、掃除という文脈の外側にあるさまざまな要素と曖昧に結びついている。しかし、掃除というタスクに関係する要素（ゴミ）を厳密に確定しようとすると、そのフレームの外部にある要素は無視されてしまう。もちろん、コネクショニズム（脳や神経の働きをモデル化し、人工知能を実現しようとする研究開発手法）とディープラーニングを基礎とする現代のＡＩ技術では、何を捨てるべきかを「すべての場合にわたってプログラムし指示しておく」必要はない。人間が何をゴミとみなすかを記録した大量のデータを学習させることで、過大なプログラムの膨張を防ぐことはできる。だが、その学習結果はあくまで人々の多様なふるまいを平均化した数値に基づく。「丸めた紙屑」を前にした個々人の判断、あるいは同一人物であってもタイミングや気分によって変わる行為を厳密に再現することは難しいだろう。

人間はフレーム問題を正面から解決できるわけではない。そもそも行為に関係する要素をすべて選びだして確定してはいないからだ。人間はむしろフレーム問題をやり過ごす。なぜやり過ごすことができるのかという問いに一挙に答えることは難しいが、ここまでの検討から「物語」の重要性は指摘できるだろう。丸められたメモ用紙がゴミであるか否かは、個々人の暮らしの流れ、最終的にはその当人の「人生」という物語において位置づけられる。膨大な局面の連なりを「流れ」や「線」で捉えるプロ棋士の能力もまた、物語的思考によって世界を捉えるやり方を洗練させたものである。ただし、船江の自戦記が示すように棋士の思考には「緊張、不安、焦り」といった情動が密接に結びついている。将棋を指すという行為、あるいは将棋の対局を鑑賞するという行為は、船江のいう「暴れる心」と切り離して考えられない。物語的思考と情動の結びつきについては第四章で詳しく検討することになる。

物語的思考は数値的思考に伴う制約を受けず、数値的思考は物語的思考に伴う制約を受けない。だからこそ、両者の相互作用は両者を規定する制約を明らかにする。遥《はる》か未来を想定せずとも、情報技術が生活の隅々にまで浸透しつつある現在、すでにこうした相互作用は身近なものとなっている。たとえば、飲食店検索サービス「食べログ」では、ユーザーが五段階で下した評価値の平均に基づくランキングが示されると同時に、ユーザーが飲食店を利用した際の評価や印象を記した「口コミ」を閲覧できる。自分にとっては美味《おい》しい思い出のつまったお気に入りの店であっても三点台を切る低い評価が下されていれば、自分の評価が疑わしくもなるだろう。四点台に近い高い評価の店であっても、口コミで展開されるどうにも気にくわない物語を読めば自分には合わない店だと思うかもしれない。数値的思考は物語的思考を相対化し、物語的思考は数値的思考を相対化する。

電王戦における人間と機械の相互作用において際だって現れたのは、両者が互いに異質な思考を通じて将棋というゲームに参加しているという状況であり、そこにおいて、物語と数値がたがいにたがいを相対化していくプロセスであった。ソフトという新たな周縁からの訪問者は、現役棋士との勝負によってその実力を認めさせただけでなく、棋士が進めてきた棋理の探求とは異なる仕方で、将棋というゲームがもつ「無限の可能性」を知らしめた。だが、それは同時に、論理的計算を間違えない知能機械が人間の物語的思考にとっては自明な事柄を容易には捉えられないという事態を示す出来事でもあったのである。

しかしながら、棋士と将棋ソフトは電王戦において突然出会ったわけではない。一九七〇年代以来の将棋ソフト開発は、プロ棋士による助言や棋士が残した膨大な棋譜に大きな影響を受けながら進められてきた。現代将棋の軌跡にも、電王戦以前に、データベースやネット将棋といったデジタル技術が大きな影響を与えている。次章では、まず電王戦に至るまでのソフト開発の軌跡と現代将棋の変容を検討したうえで、棋士とソフトの相互作用をより広い視点から捉え直していくことになる。そのなかで、私たちが知能機械との関わりにおいていかなる存在へと生成しうるのか、という問いに応答する糸口をさらに見いだしていきたい。

第三章

探索から評価へ

人はいかに将棋を指すか

人工知能研究が開始された一九五〇年代以来、「コンピュータは人間のように知的なゲームをプレイできるのか」という観点から、チェスやチェッカーが人工知能研究の題材とされるようになった。日本では一九七〇年代初頭、情報処理学会がコンピュータによるゲームやパズルの競技会を発足し、欧米におけるチェスやチェッカーに相当する課題として将棋が選ばれたという。[1]

チェスと同じく古代インドの盤上遊戯「チャトランガ」が起源とされる将棋だが、大陸から日本に伝えられた「古将棋」から盤上のマスと駒数が大幅に簡易化され、相手から取った駒を再び使用できる「持ち駒」ルールを加えた「本将棋」が江戸期以来一般的になってきた。

チェスでは相手から取った駒は再び使用することはできないが、持ち駒を使える将棋では、初手から終局まですべての駒が使用できる。このためチェスは局面が進むにつれて可能な選択肢が減っていく収束型のゲームであるのに対して、将棋は終盤でむしろ選択肢が増えることの多い非収束型のゲームである。初期局面から到達することが可能なそれぞれに異なる局面の数（局面状態数）は、チェスが一〇の四三乗、将棋が一〇の七一乗、囲碁が一〇の一七二乗となっている。[2]

初期の将棋ソフト開発者たちは、先行するチェスソフトの開発から強い影響を受けながらも、チェスとは異なる将棋の特徴に沿ったプログラムをいかに作りだすかに頭を悩ませることになる。重要な課題の一つは、前述した「水平線効果」を探索の延長によっていかに回避するかにあった。

水平線効果は、N手先まで読んで最善と判断した指し手がN＋1手以降の展開によって悪手となってしまう現象である。持ち駒の使用によってN＋1手以降の展開がより複雑になる将棋では、チェスよりも水平線効果が問題になりやすい。たとえば、N手先で自分の銀を渡す代わりに相手の飛車を取れるようになる指し手を選んだとしよう。多くの局面において飛車は銀よりも価値が高いから、銀と飛車の交換は得になる。だが、銀を与えたことによってN＋1手先で自分の玉に詰みが生じてしまう場合、この交換は非常に危険であり、最善手を見逃してしまったことになる。こうした危険を避けるためには、状況に応じて適切に探索の範囲を延長する方法論が必要になる。

プロ棋士として将棋連盟に所属しながら情報科学者として将棋ソフト開発に尽力してきた飯田弘之は、二〇〇二年に出版された将棋ソフト開発の概説書において、「(水平線効果をいかに回避するかという) このような問題には、十分な深さまで先読みすること、または、将棋特有の知識を用いることで、ある程度は対応できるかも知れない」と記している。[3]

初期のソフト開発で主に試みられたのは、飯田らプロ棋士やアマ有段の実力をもつ技術者の経験に基づく「将棋特有の知識」を用いることで、人間の思考により近いプログラムを作ることであった。たとえば、一九九〇年代後半に最強を誇った将棋ソフト「金沢将棋《かなざわしょうぎ》」(金沢伸一郎が開発したコンピュータ将棋プログラム) は、飯田によれば「将棋プレーヤーの経験則を参考にして」、次のような手に対して探索を延長するようプログラムされている。

(a) 駒をただで捨てる手
(b) 駒の取り合い
(c) 王手に対する最善の応手《おうしゅ》

(d)囲いの駒を取る手に対する最善の応手
(e)詰めろの手に対する最善の受け手
(f)最善手が二手連続した場合[4]

どの項目も、深い読み（探索の延長）を必要とする手の流れとして、人間の将棋指しにとっても理解しやすいものだ。他に飯田が挙げる方法としては、決まりきった手順をひとまとめに「マクロ手」として認識させることで結果的に探索を延長させる手法（将棋ソフト「IS将棋」が採用）、探索中に現れる最善手の多さに応じて探索を延長させる手法（同「YSS」が採用）がある。

タダ捨てが有効な局面では、駒の損得よりも重要な詰みに繋がる筋が生じていることが多く、より慎重な読みが必要となる。駒の取り合いや決まり切った手順が生じると、より先の展開に思考がいくし、おたがいに最善を尽くしたやりとりが続けば勝負を決めるタイミングはより後にくるだろう。いずれも対局の流れにおいて「勝負の勘所」を見きわめる行為として理解できる。つまり、これらの手法は人間が将棋を指すときに活用する物語的思考に沿ったものであり、それを形式化してソフトに実装したものなのである。

このように、一九七〇年代から九〇年代末までの将棋ソフト開発では、将棋を指す人間の経験則をいかにしてソフトウェアの計算に移し替えるかが重要な課題となっていた。強い将棋ソフトを開発することが、「人はいかに将棋を指すのか」を論理的に解明することにも繋がっていたのである。

数の暴力

だが、二〇〇〇年代に入って将棋ソフト開発は大きな転機を迎える。化学者・保木《ほき》邦仁《くにひと》が「将棋のことなどまったくわからない素人の思いつき」から作り上げた将棋ソフト「ボナンザ（Bonanza）」の登場である。保木の「思いつき」とは、チェス・プログラムにおいて主流となった「全幅探索」を将棋ソフトにも用いられないか、というものであった。[5] 全幅探索とは、ルール上許されるすべての手に対して子局面、孫局面と局面を網羅的に調べていく手法である。ボナンザ以前に全幅探索を採用したソフトがなかったわけではない。だが、持ち駒ルールによってチェスよりも深い読みが要求される将棋においてすべての局面を的確に把握することは当時のコンピュータの性能からいっても難しく、強豪ソフトの多くは見込みのある手に絞る「選択的探索」を採用していた。

さらに、将棋に詳しくない保木は、自らの経験則に沿ってプログラムを組むのではなく、プロ棋士の棋譜をもとに評価関数を機械学習によって自動調整する手法をとった。チェス・プログラムにおいても機械学習の導入はさほど進んでおらず、一九九七年に世界チャンピオンを破ったＩＢＭの「ディープ・ブルー」でも評価関数の動きを規定するパラメータの大部分は開発者によって調整されている。保木は、ボナンザに導入した機械学習の仕組みを次のように説明している。

> Bonanzaの評価関数は機械学習により調整される。使用されている学習法は、教師付き学習と呼ばれるものの一種である。教師信号にはプロ棋士などにより指された５００００棋譜程度を使用して、プログラムが教師信号と同じ手を指すように評価関数を調整する。[6]

機械学習とは、入力されたデータから一貫性のある規則やパターンを見つけだし、それに基づいて新たな入力データを処理できるようにプログラムを構成する手法である。このうち、手本となる正解例を与えてパターン抽出の精度を上げる方法が、「教師付き学習（教師あり学習）」と呼ばれる。五万個ほどの棋譜を手本とした機械学習を通じて、ボナンザは五〇〇〇万個ほどの評価項目をもつようになったという。個々の局面は、駒の損得と王将を含む任意の三つの駒の位置関係（王を含まない三駒以上の位置関係は前者の近似的な表現として処理される）において把握され、個々の位置関係に与えられる評価は膨大な棋譜データによる教師付き学習を通して調整される。二〇〇六年の第一六回世界コンピュータ将棋選手権で並みいる強豪ソフトを倒し優勝したボナンザの方法論は、保木がソースコードを公開したこともあり、二〇一〇年代以降の強豪ソフトでは当たり前のように採用されるようになる。電王戦に出場した大半のソフトもまた、全幅探索と機械学習からなる「ボナンザ・メソッド」を基盤としている。

人間による将棋の理解に根ざした一九九〇年代までの将棋ソフト開発とは異なり、ボナンザ以降の将棋ソフトは、コンピュータの計算力を最大限に生かすことで飛躍的に棋力を上げることになった。保木は次のように述べている。

現在 Bonanza が行う思考の仕組みは人間のそれとは程遠い。一つ一つの処理は単純であるが、それを大量に行うことが可能という計算機の長所を最大限に利用したものである。［……］将棋においては、手の選択を人間のように考えて行うという興味深い研究もなされている。ただ、このような試みが実を結ばずとも、いずれチェスのように、数の暴力を頼りにコンピュータが人間に追いつき、追い越してしまう日がきてしまいそうである。[7]

人間が指した膨大な棋譜データを用いた教師付き学習を導入している点では、ボナンザ・メソッドは人間を手本にしているとも言える。だが、局面の形勢判断を行うときに「任意の三駒の位置関係」をすべて検討する、と言われてすんなり理解できる将棋指しはいないだろう。守備陣形における駒の連結や、攻撃陣の連動といった局所的な把握はできるが、すべての三駒関係など膨大すぎて考慮できるものではない。過去の棋譜を将棋盤で再現する「棋譜並べ」は将棋の主な学習法の一つだが、一流棋士の手の流れや大局観を理解することが重視されており、すべての三駒関係を精査するようなものではない。データは人間による行為の記録であっても、そこから学習する方法が人間には理解も実行も難しい。ボナンザ・メソッドとは、人間という手本を人間には理解できない仕方で真似ることによってソフトが強くなる方法だったのである。

棋界の第一人者であり、情報技術の進展に強い関心を寄せてきた羽生善治は、将棋ソフトにおける三駒関係に基づく形勢判断を、人工知能の出す結論が人間の思考の制約を超えて理解できないものになる可能性を示唆する例として捉えたうえで、次のように述べている。

もちろん、手の良し悪しの判断は確かにとても重要で、棋士もよく考えています。でも、それは「王の近くには金があった方がいい」とか「飛車と王は近くにない方がいい」というような、論理的に、なぜそれが良いのか説明できる事柄についてのことです。盤面に、適当に駒を三つ置いて、その良し悪しを判断するなんてことは、人間には到底不可能なように思えます。

ところが、将棋ソフトが算出してくる評価値は、極めて有効に働くのです。

私はこの問題が気になって、松原《まつばら》さん（松原仁《ひとし》・人工知能学会前会長）になぜ有効なのか尋ねたのですが、「いや、よくわかりません」と言われてしまいました。さらに、「では、その『三駒関係』を、人間が一万例ほど見て、ひたすら暗記したら将棋がうまくなると思いますか」と聞くと、「たぶんならないでしょう」と答えました。[8]

棋譜データベースに基づく教師付き学習と聞くと、「人間を手本にしているのならソフトが人間に勝ることはないのでは？」と思われるかもしれない。保木自身もまた、自らが導入した評価関数の機械学習にともなう問題として「局面の優劣認識の性能において、コンピュータが人間を超えることができない」という点を挙げている。[9] だが、現在のディープラーニングによる教師付き学習の大半がそうであるように、ボナンザの機械学習は、手本となるデータを生みだした人間自身には実行も理解も難しいやり方によって、結果を出せるようになった。いうなれば、数学の教師にはまったく理解できない原理によって生徒が大量の問題を解き、次第に優れた結果を出していくような状況である。これは「学習」という言葉の一般的なイメージとは大きく食い違う状況であり、そうした生徒の数学的思考が教師の理解が及ばないものになることは十分に想定できる。人間が指した棋譜を手本としているからといって、そこから学ぶやり方が人間には理解できず真似できないものである以上、「コンピュータが人間を超えることができない」とは限らない。実際、後で見るように、電王戦においては、人間には理解できない形勢判断に基づくソフトの指し手によって棋士が圧倒される場面がしばしば生じたのである。

盤上の自由

人間の思考をコンピュータの計算に置き換えながら棋力を上げた金沢将棋やＹＳＳが活躍した一九九〇年代、人間による将棋も大きな変革の時期を迎えていた。羽生善治、森内俊之、佐藤康光《さとうやすみつ》、郷田《ごうだ》真隆《まさたか》といった一九七〇年前後に生まれた棋士の台頭である。それまでは過去の大名人の権威や「これが将棋の王道である」といった慣習的な価値観に基づきながら比較的狭い幅の戦型の中で戦われてきたトップ棋士の対局は、精緻な事前研究に基づいて過去の常識から外れた指し手や新たな戦法を提示する彼ら「羽生世代」の圧倒的な活躍によって様変わりしていく。

二〇〇〇年代半ばにベストセラー『ウェブ進化論』を著したＩＴ企業経営コンサルタント・梅田望《うめだもち》夫《お》は、情報産業と将棋における革新を重ねあわせながら考察する著作において、羽生が一九九七年から執筆を始めた「変わりゆく現代将棋」に注目している。史上初の七冠制覇を達成した翌年、当時二六歳の羽生が専門誌『将棋世界』に連載した本作では、「相矢倉《あいやぐら》」と呼ばれる代表的な戦型において初手からわずか五手目までの主な三つの分岐を検討するのに三年以上の歳月が費やされている。

梅田によれば、羽生は本連載の冒頭において相矢倉の序盤の基本図を示したうえで、この基本図に至るまでにどのような手順で組むかという問題を提起した。初手から五手目まで考えられる手順は主に三通りあるが、羽生はこの三つの手順から先の「あらゆる場合に発生する変化をそれぞれ深く探求し、特に激しい変化についてはほとんど詰みに近いところまで研究して、その研究結果をぜんぶ書いてしまおうとした。それによって、『矢倉戦にしましょうね』という暗黙の約束事から後手が逸脱しようとする手が果たして成立するのかどうかを、仔細に検証していこうとした」のである。[10]

梅田の考察は、既存の将棋界に存在していた年功を重視する伝統や暗黙のルールが妨げていた盤上の自由を羽生世代が解放した、という構図で進められる。既存の将棋界においては「邪道」、「器」、「格」、「堂々とした」、「将棋のスケール」、「矢倉は将棋の純文学」、「居飛車正統派」といった村社会的な価値観に基づく曖昧な概念によって戦法の幅が狭められてきたが、羽生世代は精緻で体系的な序盤研究を進めたうえでそれを隠さず公表し「知のオープン化」を進めることでそうした慣習を破壊し、シリコンバレーで生じているのと同等の情報革命を成し遂げたのだ、という語り口である。

羽生世代がタイトルを独占した一九九〇年代から二〇〇〇年代にかけて、序盤の自由な発想は現代将棋の基調をなすものとなった。「変わりゆく現代将棋」に示されたような試みは、あくまで戦型単位ではあるが、従来の慣習に従って制限された読み（選択的探索）に代えて、可能な限りあらゆる手を考慮に入れようとする全幅探索に近しいものとなる。「暗黙の約束事」において成立していた主要戦型の基本形に至るまでの手順において、実際はどんな選択肢が有力でありうるのかは「わからない」という疑義を突きつけることで、序盤戦略の幅が広げられていったのである。

だが、それは、「ボナンザ」のように対局時にすべての指し手をその場で考えることを意味したわけではない。むしろ、慣例に基づいてパターン化されていた序盤の分岐点において新たな指し手や戦法が次々と登場し、それらの是非が対局後の研究によって解析されるようになる。棋士同士の公式戦だけでなく棋士同士の研究会や九〇年代末にサービスを開始したオンライン対局サイト『将棋倶楽部《くらぶ》24』等において従来の常識から外れた多彩な棋譜が生みだされ、それらの膨大な棋譜を収集したデータベースが簡単に入手できるようになる。さらに、それらの膨大な棋譜データに基づいて棋士が体系的に研究を行い、その成果を公表することが一般化するなかで、以前は「居玉《いぎょく》は避けよ」や「穴熊は邪道」といった慣習的な言い回しによって固定されていた局面を捉える基準（ソフトにおける「評価関数」）も大きく変化していった。

つまり、羽生世代を中心とした現代将棋の変革は、ボナンザ以降の将棋ソフトが推進してきた（指し手単位の）全幅探索と膨大な棋譜データに基づく評価関数の自動生成による棋力の向上を部分的に先取りするものだったのである。こうした変革においては、棋譜データベースの整備やパソコンによる局面検索、オンライン将棋といった情報技術の導入が重要な役割を果たしていた。梅田は、将棋におけるこうした情報革命を予見し遂行した「ビジョナリー」として羽生を描きだし、彼が述べた「学習の高速道路」という言葉を次のように位置づけている。

将棋が強くなるために必要な情報（体系的将棋研究成果の出版、最新定跡研究の公開、棋譜データベースや終盤のパターン化や計算方法の考え方の充実）の整理が進み、その整理された情報をわずかなコストで誰もが共有でき、しかもその内容は日々更新されるようになった。加えて強敵と実戦できる環境すらネット上に生まれた。三百六十五日二十四時間のインターネット将棋道場「将棋倶楽部24」には誰もが無料で参加でき、アマチュア強豪ばかりでなくプロ棋士の多くがいつも将棋を指しているのだ。誰でも強くなれば、棋界の最高峰とぶつかり稽古できる環境まで整ってしまった。こうした新現象のすべてを総合して羽生は「将棋が強くなるための高速道路が一気に敷かれた」と表現したのである。

「……」そして羽生は「高速道路を走りきった先に大渋滞がある」と付け加えた。情報を重視した最も効率の良い、しかし同質の勉強の仕方でたどりつける先には限界があり、そのあたりまで到達した者たち同士の競争となると、勝ったり負けたりの状態となり、そこを抜け出すのは難しく、次から次へと追いついてくる人たちも加えて「大渋滞」が起きる。その「大渋滞」を抜け出すには、そこに至るまでの成功要因とは全く別の要素が必要になるはずだ。[11]

梅田による記述の特徴は、「盤上の自由」「知識の共有」「知のオープン化」といった情報の探索に関わる側面においては羽生世代の合理的で技術的な態度を賞賛する一方で、「高速道路を走りきった先にある大渋滞」においてなぜ羽生世代が頭一つ抜けた存在であり続けているのかについては、個人的な親交を通じて知りえた彼らの人間性を文学的に描きだす、という二重の構えにある。たとえば、同世代の実力者・佐藤康光と羽生に共通する点を、梅田は次のように描いている。

将棋と自らの人生を語るとき、佐藤さんは「なんでこういうもの（将棋というもの）が、この世に存在してしまったのだろう」とつぶやくことがある。小学校のときに将棋の魅力にとりつかれて早30年以上、この言葉は、将棋の魅力にとりつかれてしまった佐藤さんの実感なのだと思う。

羽生さんも同じだ。

「……」座談の輪の中の誰かが、「中盤の大長考で、その先の勝利を読み切ったんですね」という発言をしたとき、羽生さんの目の色が変わった。少し怖い感じがしたから、よく覚えている。

羽生さんは「将棋の奥の深さ」についての誤解が、会話の中に混ざると（たとえそれが羽生さんを称賛する文脈であっても）、それを敏感に察知する人なのだ。そして、特有の少し甲高い声で、しかし強い口調で、

「中盤で、そこから先の変化をすべて詰みまで読んで、勝利を確信するなんてことは、絶対にできないものなんです。そんなに将棋って、単純なものではないんです」

そう羽生さんは力説した。[12]

たしかに羽生世代の活躍は、将棋における情報の探索の自由度を著しく引き上げ、より体系的で合理的な知識の共有を推進した。しかしながら、前後の流れのなかで形勢を判断する「大局観」と呼ばれる能力、情報の評価については事情が異なる。この側面での羽生世代の卓越は、もっとも棋力が伸びやすい一〇〜二〇代の時期から梅田のいう「村社会的な価値観」がはびこる棋界で結果を出してきた大棋士たちと激闘を繰り広げ、彼らからタイトルを奪取してきた豊富な経験によるものが大きいと考えられる。狭い幅の戦型で競われる勝負においては、微細な有利不利の機運を掴む能力を研ぎ澄ま

すことがより必要とされるからだ。大局観において重要なのは、より多くの可能性を読む（＝探索する）ことではなく、読みをごく少数の適切な範囲に絞り込むことである。羽生は次のように述べる。

私は、棋士が次に指す手を選ぶ行為は、ほとんど「美意識」を磨く行為とイコールであるとさえ考えています。筋の良い手に美しさを感じられるかどうかは、将棋の才能を見抜く重要なポイントなのです。この自らの「美意識」をいかにきめ細かく磨き込んでいくかが、将棋の強さに関わってきます。

人間がどうして、いきなり九〇パーセントくらいの手を「直観」で捨てて、何万手という「読み」の方向性を、「大局観」で制御していけるのか。

この大きな取捨選択の核となるものが、「美意識」なのです。これが良い形で作られていないと、外さない範囲に「読み」を限定するのが難しくなってしまいます。[13]

かつて慣習的な制約の下に狭い戦型において精緻に磨かれてきた「美意識」を継承しつつ練り上げ、同時に自らが主導する自由な情報の探索に伴う将棋の変化に対応していく。この二重の好機を摑むことのできた羽生世代は、だからこそ、「高速道路の先の大渋滞」において頭一つ抜けた結果を出し続けてこられたのである。

梅田の現代将棋論は、情報の探索においては「誰でもアクセスできる」技術の発展を強調し、情報の評価においては「誰もができるわけではない」偉業をなした個人の内面を強調する。その語り口は、「はてなブログ」や「ミクシィ」といったウェブサービスが人気を博し、脱文脈的な情報のネットワークを通じて誰もが膨大な情報にアクセスし、自らの知見や成果を自由に発信できるという「情報革命」のイメージが流布した二〇〇〇年代の状況において独特の魅力を放っていた。先端技術に支えられた「高速道路の先の大渋滞」を突破する鍵として個人の豊かな内面性が示される。デジタルな技術の普及を通じてむしろアナログな人間性が光り輝くという魅力的な物語。それを描く格好の題材が将棋であり、アナログとデジタルの狭間《はざま》の時代に躍進した羽生世代だったのである。

しかしながら、人間には理解できない学習法で棋力を上げた「ボナンザ」以降の将棋ソフトが棋士と相まみえた将棋電王戦は、現在のデジタル技術が「情報を探索する」ための技術から「情報を評価する」ための技術となりつつあることを示すものとなった。人間による局面の評価がソフトによる評価によって覆される。その破壊的なインパクトを強く印象づけた一局を、次に検討しよう。

無謀な戦い

第二回電王戦、最終第五局。先手は名人挑戦をかけて一〇人の棋士が争うA級順位戦に一〇年以上所属するトップ棋士・三浦弘行《みうらひろゆき》、後手は、東京大学のコンピュータ七〇〇台弱を接続して膨大な計算力をもつひとつのコンピュータとして構成する「クラスタシステム」によって動く「GPS将棋」である。

三浦が得意とする「脇《わき》システム」という戦型に進んだ四〇手目、GPSが△7五歩▲7五同歩に△8四銀として戦いの口火を切った（図3）。脇システムという戦型では、一般的に歩を取ることが難しいとされている。そのため、突き捨てた（駒を進めて相手に取らせた）歩を6四にある角で取り返すのが常識的だ。歩を取り返さずに銀を進出させるＧＰＳの指し手は、見守る棋士たちにとって直観的に「それはないだろう」と感じられる手であった。

　ソフトの無理攻めを咎めて優勢を築くチャンスと考えた三浦は、自分からは攻めずに相手の攻め駒を圧迫していく「押さえ込み」を狙って守備陣を押しあげる。だが、ＧＰＳは歩を巧みに使って相手の守備駒を上ずらせ、その裏側に金と歩を打ち込むだけで三浦の守備陣を崩壊させてしまう。

第42手△8四銀まで

図3　第二回電王戦第五局　三浦弘行—GPS将棋戦　四二手目

　無理ぎみと思われた仕掛けをA級棋士が抑えられず、次第にＧＰＳが盤上を制圧していく。第二局や第三局の敗戦にも見られなかったソフトの不気味な迫力に見守る将棋ファンも言葉を失うなか、先手の玉は次第に包囲されていき、一〇二手で三浦の投了となった。投了時、ＧＰＳの守備陣形（「矢倉囲い」）は完全に無傷のまま残っているのに対して、三浦の玉のまわりには一つの守備駒もない。棋士同士の対局ではほとんど見ることのない壊滅的な終局図であった。

　終局後に自分の指し手の「どこが悪かったのかわからない」と語った三浦は、数日後に受けたインタビューで次のように述べている。

太平洋戦争について、「なぜ日本軍はあんな無謀な戦いをしたのか」とよくいわれるじゃないですか。でも、本当はあのとき日本軍にも、冷静にアメリカの強さを計算できた人はいたと思うんです。お互いの国力を比較して、もし最悪の予想が的中した場合は、勝ち目はないと。

それでも開戦に踏み切れたのは、まさか相手がそこまで強いとは思わなかったからなのでしょう。ところが、いざ戦ってみたら、そのまさかだった。そういうことだったのだろうと思うんです。今回の勝負で私は、そういうことは実際に起こりえるのだと学びました。[14]

本局で生じたのは、GPSの指した△8四銀という一見して奇妙な指し手の意味が、三浦をはじめ観戦する一流棋士たちにも「わからない」ままに圧倒されるという事態である。それは、三浦自身も認めているように、当該局面の形勢判断においてソフトがプロ棋士を超えたことを示している。[15] 羽生が「変わりゆく現代将棋」において示したのは、慣習的に固定されてきた序盤戦において何が有効な手順であるか実際は「わからない」ことであった。対して、本局では、羽生世代が切り開いた土壌において精緻な研究を原動力にトップ棋士となった三浦であっても、いかなる形勢判断が適切なのか実際は「わからない」ことが示されたのである。自らがなじんでいた世界において実力者たちが切磋《せっさ》琢《たく》磨《ま》しながら磨いてきた判断基準が根底から覆される。異質な評価基準と出会うことで自らの基準が完全に相対化されたからこそ、三浦は対GPS戦を国家規模の敗北にたとえられたのだろう。

本局の後、GPSの新手「△8四銀」は脇システムにおける新たな研究課題となり、二ヵ月後のA

級順位戦屋敷《やしき》―三浦戦では、同じ陣形からの仕掛けがなされている。電王戦シリーズ終了後には、棋士が従来の「美意識」とは異質なソフトの形勢判断を参考にして自らの将棋を作りなおしていくという傾向がより顕著なものとなっていく。将棋界における情報技術の導入は、棋譜データベース等を活用した「情報の探索」だけでなく、将棋ソフトの評価値を参考にして「情報の評価」を刷新するものへと変化してきたのである。

現在のAI技術が帯びるインパクトもまた、これまで主に情報の収集や編集の手段として捉えられてきたコンピュータが、人間が占有してきた情報の評価の領域にまで進出してきたことにあると考えられる。実用化を間近に控える自動運転車では、緊急事態にあたってたとえば「右にハンドルを切ると崖から落ちる」という情報と「左にハンドルを切ると歩行者を三人轢《ひ》いてしまう」という情報のどちらを高く評価して行為を決定するようにソフトウェアを構成すべきかという、いわゆる「トロッコ問題」が注目を集めている。[16]ここで想定されているAIによる判断は、複数の選択肢を評価して値の高いものを選ぶという点では、将棋ソフトが指し手を選ぶのと同じ仕組みである。深刻な倫理的ジレンマが生じるこうした状況において、いかなる行為が適切かは私たちにさえ最終的には「わからない」。だが、機械はいかなる行為を選ぶかを計算できてしまう。自動運転が実用化される際には、トロッコ問題のような状況がそもそも生じないように法的なルール整備が進むことが予想される。だが、情報の評価において人間にわからないことが機械には計算できてしまうこと、容易に理解できない原理によって算出された評価結果だけが得られてしまうという問題は残るだろう。

二〇〇〇年代に梅田望夫が展開したような情報の探索における「革命」の物語において、情報技術の進展はそれを使用する人間の内面性を輝かせうるものとして描かれた。だが、二〇一〇年代における情報の評価における技術的進展は、「人間の内面」なるもの自体の変容と強く関わっている。現代将棋において、それは、これまで棋士個人の人間性と結びついた神秘的な能力として語られてきた「大局観」や、その集合的な結晶としての「定跡」が次第に従来とは異なる仕方で捉えられていく過程として現れた。

ソフトという他者は、単に将棋という世界において人間の棋士とは異なる仕方で行為するもの（異なる指し手を選ぶもの）として現れただけではない。前章と本章で検討してきたように、将棋ソフトは、盤上に起こる出来事を棋士とは異なる仕方で把握し、組織し、評価している。人間と機械が生きる世界は部分的に繋がっているが、完全に同じものではない。したがって、将棋界や囲碁界におけるソフトの躍進に伴って繰り返し提示されてきた「機械は知性において人間を超えたのか／超えるのか」という問いは常に不完全な問いに留まる。超えたか否かを判断できる共通の基準が存在しないからだ。もちろん、勝敗という結果は出ている。だが、陸上競技の一〇〇メートル走において世界記録保持者を自動車が追い抜いたからといって、機械が運動能力において人間を超えたとは言われないだろう。次章冒頭で述べるように、将棋電王戦においても、ソフトと棋士の対局はフェアな勝負といえるのかという疑問が繰り返し提起されてきた。人間と機械が同じ基準によって十全に把握されえない以上、「どちらが優れているのか」という問いは、いくらでもその判定結果を疑うことができる。「知能機械への生成」を考えるうえで重要なのは、むしろ人間とは異なる仕方で世界を生きる機械と私たちはいかにつきあうことができるのか、機械との関係を通じて人間なるものはいかに変化していくのかという問いである。次章からは、電王戦シリーズを含む現代将棋の展開において、人間としての棋士のあり方が、ソフトの影響を受けながらいかに変容してきたのかを検討する。

第四章　知性と情動

異なる基準

前章で述べたように、第二回電王戦最終局で三浦弘行と戦った「GPS将棋」は、数百台のコンピュータが構成するクラスタ上で動作していた。作家・海堂尊《かいどうたける》は三浦との対談において「『コンピュータを六六七台も繫げるのはずるい』〔……〕『人間は一人なんだからコンピュータも一台。それで処理に時間がかかれば時間切れで人間が勝つかも』と思っている」と述べている。[1]

こうした観戦者の声だけが理由とは思えないが、第三回以降の電王戦ではあらかじめ指定された共通のPC一台を用いるレギュレーションに変更されている。だが、問題は、「一人の人間」に相当する明確な単位がコンピュータには想定しにくいことにある。七〇〇台弱のコンピュータを使用していても、それらの計算によって動くソフトは単一の判断を下している。一台のPCで動く将棋ソフトであっても、その評価関数の学習には過去の数多くのプロ棋士が残した棋譜が使用されている。四回目となる電王戦FINALでは開発者によって早期投了の判断がなされているし、共通PCやそれを動かす電力、PCを用意しメンテナンスする人々がいなければそもそもソフトは動作しない。つまり、将棋ソフトの行為を実質的に支えているのは、ソフト以外のさまざまな人間と非人間を含むネットワークである。ネットワークのどの部分までを指して「一台」とするのかをあらかじめ確定することができない。どこまでが「一つのソフト」の挙動として認められるかは、ソフト開発をめぐる慣習において許容されるか否かによって、そのたび毎に判断されるしかないのである。

しかし、同じことは棋士にも言える。棋士の実力は膨大な対局を通じて培われており、将棋に関する知識もまた棋士同士の研究会における情報交換や過去の棋譜を集めたデータベースに依拠するところろが大きい。扇子や脇息《きょうそく》や衣服といった人工物も対局にはつきものである。もし棋士がしばしばタイトル戦で用いる和服や通常の対局で用いられるスーツを脱ぎ捨て全裸で対局室に現れれば、棋士として将棋を指すことは認められないだろう。棋士の行為を実質的に支えているのもまた、棋士だけでなく棋士以外のさまざまな人間と非人間を含むネットワークであり、ネットワークのどの部分までを指して「一人」と言えるのかはあらかじめ確定しえない。どこまでが「一人の棋士」として認められるかもまた、将棋をめぐる慣習において許容されるか否かによってそのたび毎に判断されるしかないのである。その基準は、「一つのソフト」を定める基準とは異質であり、両者を統合する条件があらかじめ与えられているわけではない。

数百台のクラスタ上で動くGPSが三浦と戦うことがおかしいと感じられるのは、そもそも「一つのソフト」や「一人の人間」なるものがあらかじめ確定されていないからであり、両者を暫定的に規定する基準をなんとか摺《す》りあわせるなかで電王戦が行われていたからである。そのことを鮮明に示す対局を、次に検討しよう。

大晦日の激闘

二〇一四年の一二月三一日、森下卓《もりしたたく》が、かつて第三回電王戦で敗れたツツカナにリベンジを試みるエキシビジョンマッチが行われた。本局では、対局用の将棋盤の他に、「継盤《つぎばん》」と呼ばれる検討用の将棋盤が使用されている。これは森下の提案によるものであり、対局中に森下自身が継盤での検討を行うことによって「ヒューマンエラー」の発生を抑え、フェアな条件で技術を競うことを意図したものである。本局は序盤から一進一退の攻防が続いたが、日付が一月一日に変わるころには森下が優位を築く。だが、ツツカナは容易には負けない手を指し続け、元日の早朝五時に一五二手目をもって「指掛《さしか》け」（対局を中断し後日続ける）という裁定が立会人を務めた棋士の片上大輔《かたがみだいすけ》によってなされる。翌月には会見が行われ、森下の判定勝ちとなった。会見の場では、指掛けの局面からソフト同士の対局を一〇〇局行ったがすべての対局で後手（森下側）が勝利し、また、このシミュレーションによって決着がつくまでに最大で四〇時間ほどかかることが判明したという理由が示されている。

本局が電王戦本戦とは別枠のエキシビジョンマッチとされたことは、継盤を用いた対局が「一人の棋士」の行為としては認められにくいことを示している。たとえば、『将棋世界』の元編集長で作家の大崎善生《おおさきよしお》は、継盤を用いた技術の競い合いであれば棋士はソフトに負けないという見解に対して「では今までやり続けてきた頭の中で考え続ける将棋はいったいなんだったのだろう。そうすれば負けないという言葉は残念ながら、そうでなければ勝てないというふうに聞こえてならなかった」と述べている。[2] 森下自身もまた、「棋士として継盤を使用するというのはプロのプライドとしてつらいところがあった」とコメントしている。[3]

ただし、プロ棋士が行ってきたのは、純粋に「頭の中で考え続ける」将棋ではない。対局は常に一つの将棋盤を用いて行われるからだ。将棋盤なしに頭の中だけで考え続ける、いわゆる「目隠し将棋」はテレビ特番等の余興として行われるものであり、トップ棋士であっても通常の対局では考えにくいミスがしばしば生じる。大崎の記述は、正確には、「今までやり続けてきた、盤上の局面から想定される展開を頭の中で考え続ける将棋」である。

そう考えると、継盤を用いる将棋は「盤上の局面から想定される指し手を継盤で動かしながら頭の中で考え続ける将棋」であり、ネットワークに新たな要素が加わっているだけで、さほど大きく異なる行為ではないとも言える。第一章で検討したような近代主義的発想（道具説）を通じて将棋盤というアクターの働きは人間の行為に還元され、その結果、継盤を用いた将棋が「今までやり続けてきた将棋」とはまったく異なるものとして捉えられている。

同じ会見では、「ポナンザ」の開発者・山本一成《やまもといっせい》から、人間とコンピュータが戦ううえで適切なルールが何かは未知数であり継盤を使って勝ったことを恥じる必要はないという発言もなされたが、これ以降の電王戦シリーズにおいて継盤が用いられることはなかった。将棋ソフトが現局面に続く候補局面を生成して検討していることを考えれば、「ソフトは電子的な継盤を使っているのだから、棋士も物理的な継盤を使うのがむしろフェアではないか」とも言えるだろう。だが、そうした見解は「今までやり続けてきた」将棋の範囲を明らかに超えるものであり、重視されることはなかった。結局のところ、電王戦という異種格闘技戦を最終的に成立させていたのは、棋士がいつもどおりに一人で将棋盤に向かっているという「見た目」だったのであり、継盤の使用は、その見た目を崩してしまうがゆえに抑制されたのである。

その一方で、本局においては、数日間ずっと計算を続けるというソフトウェアとしては特に珍しくない動作もまた――裁定の適切さを示す根拠としてしか――認められなかった。一〇〇局のシミュレーションのすべてにおいて後手が勝ったとはいえ、実際に元日早朝からさらに四〇時間対局を続けていれば、疲労困憊《ひろうこんぱい》を極めた森下がミスを連発して敗北する可能性が高い。だが、それはもはや将棋とは思えない凄惨な削り合いとなっただろう。どこまでが「一局の将棋」とされるかもまた、立会人や対局場や中継設備、元旦という暦上の区切りや棋士のプライベートな生活をも含む人間・非人間のネットワークにおいて、暫定的に決められるものでしかない。

電王戦とは、プロ棋士と将棋ソフトという、異なる基準によって規定される行為者同士が、ギリギリ「将棋」に見える範囲で戦うことでかろうじて成立した興行だった。だが両者の差異は、エキシビジョンマッチにおいてのみ現れたわけではない。電王戦本戦においてもまた、将棋ソフトは棋士とは異なる基準に沿って将棋というゲームに参与していたのであり、その差異は、棋士のこれまでの将棋観を大きく揺さぶることになった。とりわけ注目に値するのは、将棋を指すことに伴う感情や情動の不在である。

怖がらない機械

第二回電王戦第一局で見事な勝利を挙げた阿部光瑠は、人間と将棋ソフトの違いについて次のように述べている。

> 人間は、自分が不利になりそうな変化は怖くて、読みたくないから、もっと安全な道を行こうとしますよね。でも、コンピュータは怖がらずにちゃんと読んで、踏み込んでくる。強いはずですよ。

怖がらない、疲れない、勝ちたいと思わない、ボコボコにされても最後まであきらめない。これはみんな、本当は人間の棋士にとって必要なことなのだとわかりました。[4]

将棋ソフトは、感情に関わる機能をもたない。つまり、怖がることも疲れることも勝ちたいと思うことも途中であきらめることも、ソフトが行為する世界には存在しない。したがって、それらの否定形である、「怖がらない、疲れない、勝ちたいと思わない、最後まであきらめない」ことも存在しない。

阿部の表現は、ソフトの行為を棋士のそれになぞらえて把握するアナロジーの産物である。だが、それは科学哲学や論理学において一般的なアナロジーの定義には収まりきらない特徴をもつ。一般的にアナロジーとは「複数の同じ性質(A、B、C、D、E)をもつ類似した対象X/Yにおいて、Xが性質Fをもつことから Yもまた性質Fをもつことが推論される」こととして定義される。[5] こうした定義において、アナロジーは、XとYがもつ性質(A〜F)の一対一対応を発見するための仮説を形成する手法として把握される。対して、「ソフトは怖がらない〜」という表現は、「対象X(棋士)/Y(ソフト)において、Xが性質F(怖がる)をもちYが性質Fをもたないことから Yに性質Fの否定形(怖がらない)が付与される」という否定形のアナロジーをなしている。「ソフトには感情がないから怖がることもない」と言うのはまったくもって自明のことのように思われるかもしれない。だが、「感情に関する機能がない」、「怖がることがない」、「怖がらない」という表現はそれぞれ別の事態を示している。ある特徴の存在を否定する言葉が、その逆の特徴の存在を肯定する言葉(「〜ない」がある)へといつのまにか変化していることに注意して欲しい。否定形のアナロジーとは、存在の否定（denial of existence）を否定型の存在（existence of denial）へと変換する手法なのである。

阿部の発言は、単にソフトに対する印象を述べたものではなく、「最後まであきらめてはいけない」という心構えを強調したものでもない。ソフトが怖がらないことは、棋士との対局において具体的な効果をもっていた。棋士の糸谷哲郎《いとだにてつろう》は、筆者との対談のなかで、第三回電王戦第二局「やねうら王」——佐《さ》藤《とう》紳哉《しんや》戦を例にとって次のように述べている。

> 実は、ソフトが恐怖を感じないために対戦する棋士は穴熊囲いに組みにくいのです。穴熊というのは、ある意味で人間の恐怖を軽減する方法なんですよ。盤上の利点だけではなく、感情面でも利点があるわけです。思考を軽減できるということもあります。［……］ソフトは今のプロ棋界ではあまり採用されない四《し》間飛《けんび》車《しゃ》のような戦法で勝つことができる。これは一つにはソフトが対穴熊に強いからです。人間同士だとちょっとの差であれば穴熊側が勝つことが多いのですが、これは穴熊ではない薄い玉型の方にとって一つのミスが大きな影響を与えるからです。四間飛車＋美濃《みの》囲いで穴熊に対抗するという形は昔からあるのですが、中盤まで互角の局面か四間飛車側が少し有利になったとしても、四間飛車側が細かいミスをして最終的に穴熊側が勝つケースが非常に多いです。[6]

やねうら王——佐藤紳哉戦では、佐藤の穴熊囲いに対して「やねうら王」が四間飛車と呼ばれる戦型で挑み、勝利している（図4）。四間飛車と美濃囲いで穴熊に対抗するという形は、アマの将棋ではしばしば見られるが、現在のプロ棋戦で採用されることは少ない。糸谷によれば、それは「恐怖」が軽減されにくいためミスが頻発しやすいからである。王を盤上隅に移動させ金銀三〜四枚で固めた穴熊はもっとも頑強な囲いであり、攻め込まれても王手がかかりにくいために、自玉が詰まされる危険性について考慮する必要が比較的少ない。これに対して、四間飛車と美濃囲いの組み合わせは攻守のバランスに優れるものの、一度自陣が崩されると一気に詰んでしまう可能性もあり、自玉が詰まされる危険性に敏感でなければ指しこなせない。つまり、人間の棋士の場合、美濃囲いよりも穴熊囲いのほうが、自玉が詰まされる恐怖を飼い馴らす必要が少ないために有利になりやすいが、恐怖を感じる機能のないソフトに対しては恐怖の軽減という点で穴熊側が優位になることがない、ということである。この状況は、むしろ、棋士の指し手がいかに恐怖と密接に結びついているかを鮮明に示すものであった。怖がらない機械との相互作用を通じて、棋士が精緻に練りあげてきた将棋が、恐怖という情動に強く規定されていることが明らかになったのである。

もちろん、プロ棋士は、恐怖や油断やあきらめといった対局中に湧きおこる情動を制御する高い技術を備えている。実際、棋士の対局には、アマチュアの将棋指しにとっては「とても怖くて指せない」と

第37手▲4七金まで

図4　第三回電王戦第二局　やねうら王―佐藤紳哉戦　三七手目
下側の先手が、飛車を左端から四マス目に配置する「四間飛車」の戦型をとっている。

いう手順が頻発する。だが、情動を制御する技術を極めたプロ棋士であっても、その理路整然とした指し手の理解は、船江が「暴れる心」と表現したような情動の蠢《うごめ》きに呑《の》み込まれることのない範囲の展開に限定されている。阿部は「人間は、自分が不利になりそうな変化は怖くて、読みたくないから、もっと安全な道を行こうとします」と言うが、それはあくまで、高度な情動制御のなかで見いだされる「安全な道」なのである。

情動と定跡

ソフトの評価値を検討する勉強法をいち早く取り入れたことで知られる若手棋士・千田翔太《ちだしょうた》は、筆者との対談のなかで、強豪ソフト「ナインデイフィーバー」が、「中段玉」と呼ばれる局面において自玉の安全度を高い精度で見切ることに注目している。

中段玉とは、王将が自陣を離れて盤上中央近くまで進んだ最終盤の局面を指す。通常の守備陣形と比べて一気に詰んでしまう可能性もあるが、寄せを間違えるとまったく相手玉が捕まらなくなってしまう。守る側にとっても攻める側にとっても極めて「怖い」形であり、トップ棋士であっても情動の微《かす》かな蠢きにとらわれてミスを犯しやすい。それは、最終盤のさらに先にある局面であり、定跡書でも言及されることは少ない。中段玉とは、いわば、無数のプロ棋士の知的な判断の集積である定跡という地図にはあまり描かれていない荒野であり、その荒野においても精緻な判断が可能であることを示したソフトを通じて、棋士の指し手の基盤になる「定跡」なるものもまた、情動を制御する技法によって限定された地図であることが明らかになっていく。千田は次のように述べている。

> おそらく人間が一局の将棋に見いだすストーリーには、定跡という基本的なフォーマットがあるはずなんですよ。人間でも、こんなの見たことないぞというストーリー展開の後にいきなり「千田くんここから物語紡いでね」って言われたら困りますよね。中段玉というのは普通の定跡でカバーされている終盤までの展開のさらに後に出てくる形で、定跡を作り終わった後からの変化をやれと言われるような感じなんですね。そこからうまく指しこなすのは極めて難しい。［……］ソフトと対戦すると定跡というフォーマットから外れていってしまうので、形勢判断やその後の指し方、ストーリーの紡ぎ方が分からなくなってしまって、結果的に全く力がだせずに終わることがよくあります。[7]

第二章で検討したように、局面の流れを摑んで指し手を選ぶ棋士の思考は、出来事の連なりを物語として捉える、人間において一般的な手法を精緻化したものである。そして、棋士が一局の将棋に見いだす物語のフォーマットとしての定跡が精緻な情動の制御によって構成された「安全な道」の集積であるならば、棋士の物語的思考は、恐怖や疲労や勝利への欲求や諦念といった身体的な情動と密接に関わっていると考えられる。

ソマティック・マーカー

一般に、感情の昂《たか》ぶりは思考にネガティブな影響をもたらすとみなされることが多い。これに対して、神経科学者のアントニオ・R・ダマシオは、脳の前頭前野を損傷した患者の症例研究等に基づいて、むしろ身体的な情動（emotion）やその認知としての感情（feeling）が、合理的思考に対してポジティブな影響をもたらしうると論じている。彼はこうした発想を次のような「ソマティック・マーカー」仮説としてまとめている。

あなたが、前提に対する費用便益分析のようなものを適用する前に、そして問題解決に向けて推論をはじめる前に、あるきわめて重要なことが起こる。たとえば、特定の反応オプションとの関連で悪い結果が頭に浮かぶと、いかにかすかであれ、あなたはある不快な〈直観的感情〉〔gut feeling〕を経験する。その感情は身体に関するものなので、私はこの現象に「〈ソマティック〉な状態」という専門語を付した（ソマ、すなわちsomaはギリシア語で「身体」を意味する）。そしてその感情は一つのイメージをマークするので、私はそれを〈マーカー〉と呼んだ。〔……〕ソマティック・マーカーは、ある特定の行動がもたらすかもしれないネガティブな結果にわれわれの注意を向け、いわばつぎのように言って、自動化された危険信号として機能する。「もしこういう結果をもたらすそのオプションを選択するなら、その先の危険に注意せよ」。この信号はあなたにネガティブな行動の道筋を即刻拒絶させ、他のオプションの中から選択するよう仕向ける。[8]

ダマシオはまず、情動の本質を身体状態における一連の変化として捉える。たとえば、夜道を歩いて帰宅しているとき、数十分のあいだ、同じ足音がずっと後ろで聞こえるような状況を想定してみよう。振り返ると同じ人物がうっすら見え、角を曲がっても少し早足で歩いても足音はずっと消えない。心臓は高鳴り、冷や汗をかき、首と背中の筋肉は緊張する。こうした身体の一連の変化が神経系によって連続的に知覚されていく。そのモニタリング・プロセスが「怖い」という感情の本質であるとダマシオは論じる。[9]

暗闇を怖がるといった身体的反応が生得的な――ダマシオのいう――「一次の情動」に基づくものと考えられるのに対して、角を曲がっても足音が消えないことに対する反応は、一次の情動と個々人の経験に基づいて後天的に形成される「二次の情動」として捉えられる。

ソマティック・マーカーとは、二次の情動から生みだされる特別な感情の例であり、それらの情動と感情は経験に基づく学習を通じて、いくつかのシナリオの予測される結果と結びついてきたものだとダマシオは考える。ネガティブなソマティック・マーカーが特定の予測結果と並置されると、その組み合わせが警報として機能する。反対にポジティブなソマティック・マーカーが並置されると誘因の合図になる。[10]

プロ棋士が対局中に感じる恐怖もまた、特別に洗練された仕方で培われてきた二次の情動の現れとして捉えることができる。アマチュアの将棋指しであっても薄い守備陣形を「怖い」と感じるようになれば、まずは初級者を卒業したといえるだろう。アマ有段者、奨励会員、プロ棋士と棋力がより上がっていくほど、盤上の動きに伴う情動の蠢きはより繊細で鋭敏なものとなっていく。第二章で紹介した船江の自戦記が示すように、将棋というゲームにおける一つ一つの些《さ》細《さい》な変化に極めて鋭敏に反応する「暴れる心」をもつことが、棋士の実力を支えている。自陣のちょっとした陣形の歪《いびつ》さに対して「気持ち悪い」と感じることはネガティブなマーカーが将来の劣勢を警告するプロセスとして、対局相手が当然と思われる守りの手に少しだけ長い時間をかけたことを「何かおかしい」と感じることはポジティブなマーカーが好機を喚起するプロセスとして捉えることができるだろう。

こうした情動と感情の働きはまた、第二章で検討した「人間はいかにフレーム問題をやり過ごすのか」という問いとも関係する。行為においてどこまでの要素を考慮すべきかが理性的に判断されるまえに、私たちは情動と感情によって多くの要素を排除している。夜道で鳴り止まない足音は友人や恋人のサプライズを意味しているのかもしれず、それを警戒しすぎて親密な関係を壊してしまう可能性も想定できる。だが、足音が怖すぎてそんなことは考えられないだろうし、そんな思いをさせる時点で親密な関係は壊れていると考える人が多いだろう。反対に、激闘の先の勝利のようなポジティブな結果が強く喚起されるとき、どんなに疲弊していようと思考の範囲がその方向にむけて伸張していくこともある。船江がツツカナの見逃した長手数の詰みを見事に読み切っていたように。

対局の流れを摑み取る棋士の物語的思考は、盤上の微かな差異に吉兆と不吉を感じとる洗練された身体的情動によって支えられている。情動の蠢きと物語の流れを滑らかに連結する「線の思考」によって、グニャグニャと柔軟に思考のフレームを変形させることが可能になっているのである。棋士の大局観を支える「美意識」を強調する羽生もまた、将棋ソフトに美意識がないのは恐怖心がないことと関係しているのではないかとしたうえで、次のように述べている。

私には、人間の持つ「美意識」は、「安心」や「安定」のような感覚と近しいものであると思えるのです。一方、ある局面で危険を察知すると、「不安」や「違和感」を覚え、どんなに上手な手に見えても指さなかったりする――。[11]

電王戦以後、かつて「将棋の純文学」と呼ばれた相矢倉戦が激減するなど、ソフトの大きな影響が見られる現在の将棋界においては、「美意識」やそれに支えられた棋士の思考のあり方も明らかに変化している。こうした変化を支えているのは、従来は怖くて踏み込めなかった手順に対して肯定的な評価を下す強豪ソフトの評価関数であり、それを参考にしながら新たな戦い方を切り開いてきた阿部や千田といった若手棋士たちである。

情動の変容

ダマシオの議論において、思考に対する情動と感情の寄与は、まずもって選択肢を絞り込むことで決断の正確さと効率を増すものとして描かれる。たしかに、何が適切な判断であるかがあらかじめ確定できるような場面では、情動と感情は合理的思考がなされるために非合理的なオプションを排除する優秀なフィルターとして機能すると考えられる。だが、ダマシオ自身が挙げる以下のような場面ではどうだろうか。

いまあなたは、ひじょうに危険な投資をすることで、とてつもない利益を得る見込みと相対しているとしよう。しかもほかに気になる仕事がいろいろあるさなかに、イエスかノーかを即座に答えるよう求められているとしよう。そのとき、もし投資をしようという考えにネガティブな身体状態が伴えば、それによりあなたはそのオプションを選択することを拒絶し、その潜在的危険をはらむ帰結についてもっと詳細な分析をおこなうだろう。将来と結びついたネガティブな状態が、一攫千金《いっかくせんきん》という誘惑的展望に難色を示すのだ。[12]

こうしたケースでは、何が理にかなった判断なのかはあらかじめ確定できない。素人が優秀な投資家になっていく過程においては、危険な即断を求められる場面に対して最初はネガティブな身体状態が伴っていても次第にポジティブな状態を伴うように変わっていくことが必要となるかもしれない。ちょうど、アマチュアにとっては怖くて指せないような手順にプロ棋士が平然と挑んでいくように。その変化は、単に勝利や勝率アップという結果が出るだけでなく、そのような局面を怖がらない身体や判断力が形成されることによって可能となる。行為者をとりまく環境と当人の身体的情動のあり方自体が変化するプロセスを考えたとき、情動と感情を「何が理にかなった判断とされるのか」ということ自体を変形するものとして捉えることができる。

千田は、さまざまな戦型における重要な局面を将棋ソフトによって精査し、ソフトが弾《はじ》きだす評価値を棋士としての自分に理解できる言葉に近づけて解釈するという勉強方法を採っている。その結果、将棋をめぐる彼の語彙には、既存の将棋観ではうまく捉えられないものが混じりつつある。たとえば自らの指し手へのソフトの影響に関する筆者の質問に対して、千田は金井《かない》恒太《こうた》との対局の序盤

（図5）を例に挙げ、次のように述べている。

千田：先手は「中住まい」という比較的攻めの態勢で、横を広くとった形です。私は後手で居玉（王が初期位置から動いていない陣形）のままですね。普通は左右どちらかに玉を早めに寄せますが、この場合は盤面の左側に逃げる手を中心として、これでほとんど囲いが完成しています。

久保：え？　囲いが完成しているんですか？　これで？

千田：囲ってないですけども、守りの効率が良いので。

久保：いや訳が分からないです、［……］これで守りのバランスが良いという判断はソフトの影響がなければありえない、ということですよね？

千田：ないでしょうね。これは完全にソフトの影響ですね。しかも最新のポナンザ[13]。

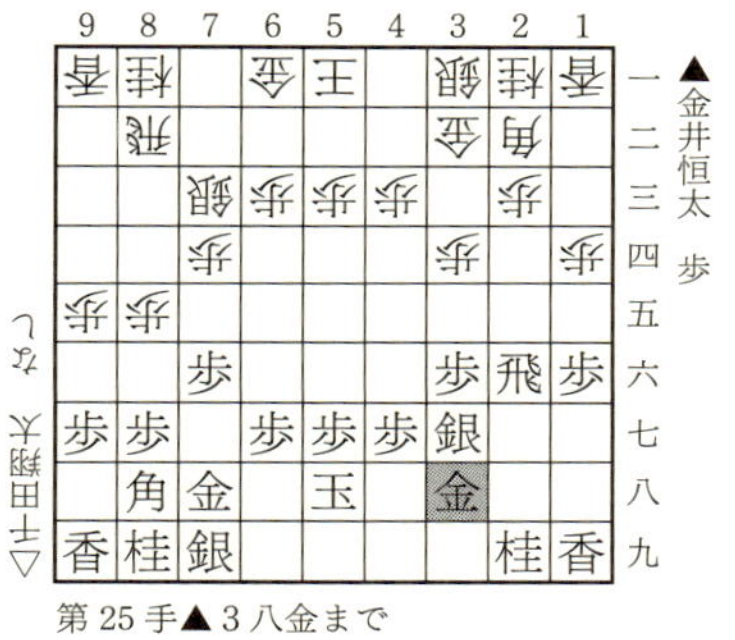

図5　第七四期順位戦C級一組　金井恒太―千田翔太戦　二五手目

千田の守備陣（図5上部）は初期位置から王将がまったく動いていない「居玉」と呼ばれるかたちであり、周辺には金が一枚しかない。通常は、王将を盤面の左右に動かし最低でも金銀三枚を隣接させた形が「囲い」と呼ばれる。千田によれば、盤面右側から敵の攻撃を受けても盤面左部へと王将が逃げられること、自陣の飛車が守りに利いていること、7三の銀が攻守に働く可能性が高いことから「ほとんど囲いが完成して」いる。だが、こうした説明を聞いても筆者のようなアマチュアの将棋指しには怖すぎて指しこなせる気がしない。千田も、プロ棋士の中にもこの陣形が「囲い」として見える者がいるかはわからないと述べている。

将棋における囲いは、羽生のいう「安心や安定の感覚」と密接に関わっている。囲いが完成したということは、まずは安心して攻撃の構築を考えられることを意味する。どう見ても囲っていない陣形を「囲い」として認識できる千田の感覚は、既存の将棋観からは異質な情動のあり方を伴っているのである。

前述したように、阿部は「怖がらない機械」のあり方を「本当は人間の棋士にとって必要なこと」だと述べている。だが、感情に関する機能をもたないソフトの挙動を情動に溢れた身体をもつ棋士がそのまま模倣できるわけではない。それは、むしろ、「棋士が性質F（怖がる）をもちソフトが性質Fをもたないことからソフトに性質Fの否定形（怖がらない）が付与される」という否定形のアナロジーを通じて、棋士にもソフトにも還元できない「ソフトのように怖がらない」という新たな性質が「ある」可能性を喚起する表現である。千田の勉強方法は、まさに恐怖を感じることのないソフトの評価値をもとに自らの情動のあり方を変形し、囲っていない囲いであっても「守りの効率が良い」から採用できる、という新たな知性的判断を可能にするものとなっている。

感情や情動に関わる機能をもたない情報技術によって人々の情動のあり方と知的判断が変容していく過程は、現代将棋においてほど鮮明ではないにしても、近年においてSNS上で生じる「炎上」が非討議的な公共性をもつようになってきた過程にも見いだすことができるだろう。非文脈依存的な情報処理によってさまざまな人々が繋がっていくオンラインのコミュニケーションにおいては、ある種の人物や場所は「怖い」から近づかないほうがいいといった特定の文脈における情動に根ざした判断がなされにくいまま、さまざまな語り口や画像が流通していく。同時に、嫌悪感や嫉妬や正義感といったさまざまな人々の感情を連鎖的に動かしながら特定のメッセージが流通していく「炎上」を通じて、そのメッセージは行政当局や大学といった公的機関の知性的とされる判断においても無視できない影響を与えるようになっている。国会でも取りあげられ二〇一六年の流行語となった「保育園落ちた日本死ね」は、その代表的な例であろう。国家に対して「死ね」という情感溢れる言葉を投げつけたこの表現は、「はてな匿名ダイアリー」の記事タイトルとして現れるとFacebookやTwitterを通じて拡散し、賛否を問わずさまざまな情動的反応を引き起こしながら、待機児童問題をめぐる議論を活性化させた。現在のインターネットは、知的行為を支援するツールであるだけでなく、私たちの情動と知性のあり方を変容させる媒体ともなっている。梅田望夫が描いたような知性的で冒険的な人々が競いあう「学習の高速道路」は、デジタルな情報処理を通じて共有された身体的情動が雪だるまのように膨れ上がり、加速しながら転がっていく「情動の高速道路」でもあったのである。

「ない」がある

第一章で述べたように、ＡＩやロボットと呼ばれる知能機械は、その技術的特性からいって人間と部分的に近く、部分的に遠い世界を生きている。ソフトが将棋を指す世界においては、棋士が将棋を指す世界における「穴熊によって軽減される恐怖」や「中段玉に伴う不安」は存在しない。だが、棋士とソフトが、著しく異なる基準によって規定されているからといって、将棋を指せる限りにおいて両者はまったく別個の世界に住んでいるわけでもない。棋士とソフトが相互作用する世界もまた、「一よりは多く、複数よりは少ない」のである。阿部の発言における「怖がらない機械」という否定形のアナロジーは、棋士とソフトという、この世界に存在するものについて異なる見解をもつもの同士の相互作用において実効性をもつ。それは「怖がる」という機能がソフトにないことを「怖がる+ことがない＝怖がらない」という仕方で変換したものである。「怖がらないソフト」という概念は、その内実が曖昧なまま棋士とソフトを繋ぎ、千田の「囲わない囲い」に見られるように、具体的な局面の精査を通じて情動と知性の新たなあり方が生みだされつつある。

異なる存在様態を生きるもの同士の相互作用において「ない」を「ある」に変換しながら実体化させていく否定形のアナロジーは、機械と人間の相互作用の局面だけでなく、人類学者の営為にも見いだすことができる。たとえば、第一章でも言及したマリリン・ストラザーンは主著『贈与のジェンダー』の冒頭において、次のように述べている。

社会を持たない人々を想像することもできると社会人類学者が提案したならば、きっと馬鹿げたものに聞こえるだろう。しかし、本書で論じるのは、社会という概念がどれほど分析に役立つとしても、私たち（人類学者）は現地の対応物に訴えることでこの概念の使用を正当化することはないだろう、ということである。実際、人類学者は決してそのような正当化をしてはならないのだ。西洋的伝統において訓練を受けてきた学者にとって、この西洋思想における形而上学的《けいじじょうがく》問題を（その伝統に属さない）他者が解決すると予想することは実際には不可能である。この問題について考える時、西洋的伝統に属さない人々が社会と個人の「関係性」などといった問題に彼らの哲学的情熱をいくらか注ぐだろうと想像することもまた、同じくらい馬鹿げたことなのである。[14]

ストラザーンは、学問的な分析概念としての「社会」に相当するものが彼女の分析対象であるメラネシアには「ない」ことを強調する。彼女が試みたのは、メラネシア人の実践を近代的な分析枠組みによって説明することではなく、むしろ、諸々《もろもろ》の実践を説明するメラネシアに固有の論理（「彼らの哲学」）に可能な限り沿う形で学問的な分析概念を用いることで、近代的思考（「西洋思想における形而上学」）に基づくそれらの分析概念を変形させていくことであった。[15] ストラザーンの記述を通じて現れる「メラネシアの社会性」は、棋士が見いだす「ソフトのようにあきらめない」ことがソフトと棋士のどちらの営為にも還元できないのと同じように、メラネシアにも近代社会にもその厳密な対応物をもた「ない」ものとして「ある」ようになる。

ストラザーンの議論のように明示的ではないが、「未開」という近代社会ではないものを研究対象としてきた人類学の歴史は、その重要な契機においてしばしば否定形のアナロジーを伴っている。物々交換や商品売買ではない相互行為のあり方を「贈与」として概念化したマルセル・モースの贈与論、妖術告発において問題とされるのは客観的な因果関係ではないことを論じたエドワード・エヴァンズ＝プリチャードの災因論、自律した個人という観念を伴わない人格のあり方を捉えようとしたマッキン・マリオットの分人(dividual)論。いずれも否定形のアナロジーを通して「贈与」「災因論」「分人」といった肯定形の——その内実は不明瞭でありながら多様な展開の可能性をもつ——分析概念が創出されてきた。

千田のいう「囲わない囲い」もまた、「ない」を「ある」に変換するものであり、共通の基準によって規定できない異質な他者との関わりを通じて新たな概念・知性・情動が生みだされていくプロセスの産物である。異質な他者とも共有されうる「一つの世界」を前提にしなくても、現に私たちはさまざまな存在と関わっている。多様な実践の領域を俯瞰できる視点、「経験的‐超越論的二重体」としての人間を想定せずとも、私たちは新たな関係や概念や情動を生みだすことができるし、現にしている。一方の世界にあるものが他方の世界には「ない」ことを通じて、どちらの世界にも還元できないものが「ある」ことを喚起する否定形のアナロジーは、「一よりは多く、複数よりは少ない」世界を生きていくうえで重要な役割を担いうるのである。

この世界は一つではない。だが複数の独立した世界があるわけでもない。私たちと機械もまた、部分的に繋がった世界を生きている。現代将棋においてその繋がりを生みだしてきたのは、「機械は人間より強いのか」という問いである。だが、そもそも「強さ」とは何だろうか? 次章では、将棋における「強さ」をあらためて問題にすることによって、「知能機械への生成」の核心をなす領域へと、さらに議論を進めていきたい。

第五章 強さとは何か

文化と競技

二〇一二年から二〇一五年にかけて四回開催された将棋電王戦シリーズの通算成績は、ソフト一〇勝、棋士五勝、一分けである。現役のプロ棋士の多くを凌駕《りようが》するソフトの実力を示したこの結果は、「人工知能が人間を超えた」事実を示すものとして大きな社会的注目を集めた。だが問題はいかなる意味で超えたのか、である。将棋ソフトは、単にルールどおりに将棋を指すことにおいて、人間に肩を並べたわけではない。そんなことは安価な将棋アプリでも十二分にできる。もちろん、ソフトは将棋の「強さ」において棋士を超えたのである。だが、将棋において「強い」とは、そもそもいかなることだろうか?

第二章冒頭で検討したように、戦後の将棋界は江戸の家元制から続く文化的伝統の継承という側面と、公平なルールに基づいて実力を競い合う競技という側面を併せもつ。一九四九年に社団法人となった日本将棋連盟は、実力制名人を五期以上獲得した棋士が引退後に「~世名人」を名乗るという永世名人制度を発足させた。永世名人は、江戸期以来の家元制名人と明治・大正の推挙制名人(小野五《おのご》平《へい》・関根金次郎)の跡を継ぎ、十四世から数えられる。たとえば、一九七〇年生まれの羽生善治は、一七世紀初頭に家元制初代名人となった大橋宗桂《おおはしそうけい》から数えて一九人目、「十九世名人」の有資格者ということになる。家元制との連続性を確保することで、将棋連盟は、「将棋の普及発展と技術向上を図り、我が国の文化の向上、伝承に資するとともに、将棋を通じて諸外国との交流親善を図り、もって伝統文化の向上発展に寄与すること」(連盟ホームページ「事業概要」より)を目的とする公益社団法人としての特徴を維持している。

一方で、名人を五期以上獲得するためには、熾烈《しれつ》で公平な競争を勝ちぬかなければならない。名人位は八大タイトル（竜王、名人、叡王、王位、王座、棋王、王将、棋聖）の一つであり、毎日新聞社と朝日新聞社が共催する名人戦の賞金総額は読売新聞社が主催する竜王戦に次ぐ二位であるが、名人位は竜王位に並んで棋界の頂点に位置づけられている。毎年六月から三月にかけて順位戦（A級、B級一組、B級二組、C級一組、C級二組＋フリークラスからなるリーグ戦）が行われ、各組の成績上位者数名が一つ上のクラスに昇級する。A級一位となった棋士が名人と七番勝負を行い、勝者が名人を獲得／防衛する。四段でプロデビューした棋士が名人位を獲得するには最短でも六年、永世名人の有資格者となるには九年かかるが、現役棋士であれば誰にでもその可能性は開かれている。

将棋界における競技的側面と文化的側面は「強さ」を通じて結びつけられている。棋士は公式戦の盤上において結果を出すほど、盤外における文化的な活動に参加する機会が増えていく。棋書を執筆し、タイトル戦の解説を担い、アマチュアや子ども向けの将棋教室で指導を行い、書道を習って揮毫《きごう》をしたため、高価な和服をまとい、タイトル戦では全国の老舗旅館や有名ホテルに出向いて地方新聞の幹部や自治体の首長と親交を深め、大棋士ともなれば将棋を通じて培った知見を披露する一般向けの講演を行い、著書を出版する。将棋が「強い」者は深く「棋理」を知る者であり、その知見は経済や政治にも通じる一般的な価値をもつ。こうした発想が、長らく将棋界における文化と競技の共存を支えてきた。

規約と実践

だが、将棋における文化と競技を繋ぐ「強さ」のあり方は、電王戦を通じた将棋ソフトの台頭によって著しく不安定化しつつある。そこであらためて浮上するのが、将棋における強さとは何か、という問いである。[1]

この問いに答える方法として、すぐに思いつくのは主に次の二つだろう。第一に、勝率やタイトル獲得数、棋風の独自性や新戦型開発への寄与といった何らかの指標を用いて強さを定義する答え方があり、第二に、「どちらが強いかは勝負してみないとわからない」という表現に見られるような、強さはいつも後付けで決まるという答え方がある。

この二種類の答え方を学問的に精緻化するような議論を展開したのが人類学者の浜本満《はまもとみつる》である。第一の答え方は、特定の現実が確定される根拠を「規約」に置く発想として精緻化される。「○○は……である」という表現が、特定の現実が現れるためのルールを定めるものとして捉えられる。浜本は次のような例を挙げる。サッカーにおいてオフサイドとは「最終ディフェンスラインよりも奥でパスを受け取ってはならない」ことであり、このルールとは独立にオフサイドという現象は存在しない。[2] こうした考え方をとれば、「強いとは……である」という表現における「……」を確定することによって個々の強さが把握されることになる。

第二の答え方は、何らかの現実が確定される根拠を「実践」に置く発想として精緻化される。「○○は……である」という表現は、それが当てはまるような現実を構成していく実践によって妥当なものとなる。浜本はプラグマティズムを推進した米国の哲学者、ウィリアム・ジェイムズが用いた次のような例を挙げる。「この世界はろくでもない」と考えるペシミストは、それに基づいて後ろ向きに生きることで実際にろくでもない事態を招き、当の表現（命題）を真理化していく。[3] この考え方では、「強いとは……である」という命題における「……」に何らかの要素を代入した表現、たとえば「強いとは多くのタイトルを獲得していることだ」をあてにしながら棋士やファンが織りなす営みを通じて、「強いとはどういうことか」が確定されていく。実践の根拠は実践それ自体によって担保される。そうやっているからそうである、というわけだ。タイトルを獲《と》れるほど強くなりたいと棋士が努力し、タイトル保持者と挑戦者のどちらが強いのかファンが語りあうなかで、「強さ＝タイトル獲得実績」という等式が説得力をもっていく。その結果、たとえば、史上初の七大タイトル制覇を成し遂げ、史上最多のタイトル獲得数を誇る羽生善治が、将棋史上「最強」の棋士と呼ばれるようになる。

強さの不確定性

だが、この二種類の解決は、いずれも根本的な問題を抱えている。第一の、規約論的解決をとる場合、「〇〇は……である」という表現における「……」に入る可能性のある要素を無限に想定することができてしまうために、この表現自体が確定できない。

サッカー経験者ならすぐにわかることだが、浜本が述べるオフサイドの定義は明らかに不完全である。もっと詳細な説明が必要になる。

まず、「最終ディフェンスライン」とは〈すべての相手選手のいる位置からゴールラインと並行する線を引いたとき、敵陣のゴールラインに二番目に近い線〉のことである。敵陣の最終ディフェンスラインとボールよりも奥にいる選手が「オフサイド・ポジション」にいることになる。だが、それだけでは反則にならない。二〇一〇／一一年版の競技規則では、味方選手がボールに触れるかプレーした瞬間に、オフサイド・ポジションにいる選手が(i)プレーに干渉する、(ii)相手競技者に干渉する、(iii)その位置にいることによって利益を得る、のいずれかによってプレーに関与していると主審が判断した場合に反則になる、と定められている。[4]

何が「干渉」なのか、何が「利益を得ること」なのかは主審に委ねられており、その内実は確定されない。実際、「主審の判断」の内実は、戦術やプレースタイルの変化に応じてさまざまに変化してきたし、その変化に合わせてオフサイドルールにも多くの変更が施されてきた。二〇一六／一七年版の競技規則では、上記三つの条件にさらに細かい六つの補足条件が追加されている。

浜本が論じるように「最終ディフェンスラインよりも奥でパスを受け取ってはならない」というルールとは独立にオフサイドという現象は存在しないのであれば、オフサイドルールの変更はなぜ可能なのだろうか。それは、浜本の主張に反して、「オフサイドとは……である」という表現における「……」には膨大な要素が入り込み、その全体を確定することはできないからである。将棋の強さについても同じことが言える。「強いとは……である」という表現の「……」に挿入されうるのは「タイトル獲得数」かもしれないし、「高い勝率」かもしれない。「高いレーティング」かもしれないし、「格調高い棋風」や「優れた構想力」かもしれないし、「昼食に鰻重をかきこむ剛胆さ」や「同じ戦法を使い続けるこだわり」かもしれない。挿入できる要素は、無限に想定できてしまう。規約論的解決は、ある現象を特定の条件の束によって確定できないという問題、つまり「フレーム問題」を回避できない。

第二の、実践論的解決をとる場合、実践を全体的に規定する「○○は……である」という表現自体が実践を構成する部分でもあるために、実践が当の表現とは異なる表現を生みだす可能性を排除できない。たとえば、「この世界はろくでもない」と考えるペシミストが、それに基づいて後ろ向きに生きるがゆえに少しの幸運を大きく捉え「世の中何事もうまくいく」という表現をあてにしはじめることも十分に考えられるだろう。

デビューしたての若手棋士にとって自らの強さを証明する主な方法は、目の前の相手をできるだけ多く倒すことだ。彼の強さは高い勝率によって表される。だが、各棋戦を勝ち上がりトップ棋士と常に対戦するようになれば、勝率が彼よりも低いトップ棋士より自分が強いとは言えなくなる。普段の対戦相手の強さが違うからだ。強さを表すものは勝率から棋戦優勝数に変化し、さらにタイトル獲得数へと変化するだろう。そしてベテラン棋士となり、一定のタイトル獲得数をもちながら低い勝率に陥ったとき、より高い勝率を誇る後輩棋士と対戦する。彼は「強さ＝タイトル獲得実績」と「強さ＝高勝率」という等式の間を揺れ動きながら、自らの強さを問われることになる。

実践論的解決は、「強いとは……である」という表現における「……」の全体を確定することに頓着せず、特定の要素を「……」に代入した表現をあてにする営為が進むにつれて「強いとは何か」が確定されると主張する。だが、「○○は××である」という表現をあてにした実践は、その表現とは異質な「○○は△△である」という表現が新たにあてにされる状況を排除できないから、「○○は×

×である」ことの根拠にはなりえない。
「この文は偽である」という自己言及文においては、その一部である「この文」が部分でありながら全体を指し示すことによって、文全体の意味が確定できなくなる。同じように、実践論的解決において「○○は××である」という表現は、実践を規定する全体でありながら実践を構成する部分でもあることによって、実践による表現の根拠づけを不可能にする。実践論的解決は「自己言及問題」を回避できない。

無効化による拡張

何らかの自明とされる現実を規約や実践によって基礎づけようとする試みは、フレーム問題と自己言及問題に逢着《ほうちゃく》する。これに対して、理論生命科学者・郡司《ぐんじ》ペギオ－幸夫《ゆきお》は、通常は別々に扱われる二つの問題をダイレクトに結びつけることで、両者を同時に乗り越える筋道を提示している。
郡司によれば、自己言及問題は全体を確定できることを前提としているが、フレーム問題は全体が確定できないことを示す。他方、フレーム問題は条件を確定する主体を前提としているが、自己言及問題はまさにそのような主体の確実性を解体する。そして、自己言及問題とフレーム問題がたがいを否定するのではなくたがいの前提を無効化することにおいて、特定の現実の自明性が根拠づけなしに生みだされていく過程が肯定されうる。[5]
「強さ」が意味をもつことの自明性もまた、規約論的定義によっても、実践論的真理化によっても根拠づけられない。それは、定義のフレーム問題が真理化の自己言及性によって否定されるのではなく無効化され、真理化の自己言及性が定義のフレーム問題によって否定されるのではなく無効化されることによって、常に新たな「強さ」が生みだされていく過程において肯定される。

こうした「強さ」なるもの自体の変容は、その棋力を支える論理や条件が著しく異なる将棋ソフトとプロ棋士が対戦した電王戦において、一際鮮明に現れたものでもある。

たとえば、第二回電王戦第四局、「プエラ・アルファ（Puella α）」―塚田泰明《つかだやすあき》戦を考えてみよう。プロ棋戦でも頻繁に現れる相矢倉の定跡型に進んだ本局、先手プエラ・アルファの鋭い攻めに防戦一方となった後手塚田は飛車を犠牲にして「入玉《にゅうぎょく》」（敵陣三段目以内に王将を進めて安全にすること）を試みる。事前に貸し出された前のバージョンとの対局を通して、塚田はこのソフトが自ら入玉を試みないことを発見しており、自分だけが入玉し、安全を確保してから相手玉に攻めかかることを狙っていた。

だが塚田のもくろみはもろくも崩れる。プエラ・アルファは古いバージョンとは違って入玉に対応するプログラムを備えていたのだ。相手の入玉を抑える準備をまったくしていなかった塚田陣を先手玉はするすると切り裂き、あっさりと入玉を決めた。双方の王が入玉して詰みがなくなると、大駒（飛車角）を五点、王と大駒を除いた小駒を一点として双方の駒を数え、より点の多いほうが勝利する点数勝負となる。

入玉するために大駒を犠牲にした塚田の持ち点はプエラ・アルファに遠く及ばない。棋士同士の対局であればすぐにでも後手が投了しそうな状況にもかかわらず、「団体戦で負け越すわけにはいかない」という強い想いを秘めていた塚田はあきらめずに相手の大駒を追いまわす。通常の将棋とは似て非なるものとなった盤面を前にして、見守る棋士やファンの多くは辟易《へきえき》し、潔い投了を望む声も聞かれた。河口俊彦《かわぐちとしひこ》は、塚田と同年にプロデビューした立会人の神谷広志《かみやひろし》が陣取る控え室の様子を次のように振りかえっている。

塚田君が投げないものだから、指すたびに惨めになって行く。神谷は「ああひどい」と引っくり返った。私が「対局室に行って、対局を止めたらどう」と神谷君に言った。起き上った神谷君は「256手まで指す、という規定があります」と言ったが、顔は辛《つら》そうだ。さらに私が「立会人が止めた例もあるよ」と言うと、先崎《せんざき》君（先崎学）も、彼らしくない穏やかな口調で、ストップを促した。神谷君はうつむき「規定は規定です」と動かない。[6]

だが局面は予想外の展開を見せる。入玉を確定させたプエラ・アルファが「と金」作りを優先させる手を指し始めたのである。歩を成って「と金」にすることは通常の将棋では有効だが、すべての小駒に一点の価値しかないこの状況では意味がない。プエラ・アルファは入玉には対応していたが、通常の評価関数と点数勝負の関連づけに不備があったのだ。相手の大駒を追い詰め、指を折りながら必死に点数を数える塚田に対して、黙々と歩を成るプエラ・アルファ。たがいの目指すゴールがすれ違うまま延々と八〇手ほどの応酬が続き、もはや何を見ているのかわからなくなった解説会場や生中継を見守る将棋ファンから奇妙な哄笑《こうしょう》が湧きおこるなか、塚田が基準となる二四点を獲得し、双方の同意のもと立会人が引き分け（持将棋）の裁定を下した。

本局終了後、普段は会社員として働くプエラ・アルファ開発者の伊藤英紀《いとうえいき》は「（稀にしか現れない）入玉局面でも正しく指すために莫大《ばくだい》なコスト／時間をかけるのは、エンジニアリング的には正しい判断とは思えません」と述べている。[7]

引き分けという結果からみればプエラ・アルファは塚田と同じぐらい「強い」ということになる。だが、その「強さ」の程度は、機械と技術者が結びついて生まれる「エンジニア」というアクターのあり方やそれをとりまく境遇にも大きく左右されている。伊藤の発言において、それらの可変性や妥当性が問われることはなく、「そうやっているからそうである」という実践の自己言及性においてこの発言は肯定されている。[8] そして、こうした自己言及を通じて定義のフレーム問題は無効化され、「強いとは……である」における「……」の拡張が生じている。つまり、「強さ」というものが、「エンジニアリング的な正しさ」や「十分な準備ができる境遇にあること」をも含むものへと拡張されているのである。

対局後、涙ながらに団体戦に懸ける想いを吐露した塚田の姿は、見守る棋士やファンの心を動かした。棋士側の一勝二敗で迎えた第四局に登場し、棋士仲間を団体戦敗北という結果に追い込まないために戦うベテラン棋士。その姿は、「強いとは……である」という表現の「……」の部分に「仲間想い」という通常はカウントされない要素が入りうることを示すことで、その主体が「孤高の棋士」ではなくむしろ「仲間とともに戦う棋士」であるような、新たな実践のあり方を（一時的ではあっても）立ちあげるものだった。「強いとはこういうものである」という真理化の自己言及性が、フレームの拡張によって無効化されることで「強さ」の変容が喚起される。私たちが「強い」という表現を普通に使えること。それは、強さとは何であるかを明確に把握できるからではなく、「強さ」なるものが常に新たな仕方で生起し変容していくことによって支えられているのである。

自己言及とフレーム問題の相互無効化は、ソフトと棋士の「強さ」をめぐる場面以外にも見いだすことができる。たとえば、千田の「囲わない囲い」という表現を可能にしているのは、「囲い」における定義の不確定性である。前述したように、囲いの多くは、王将を左右に動かし金銀三枚以上を隣接させることで構成される。だが、盤面中央に王将を構える「中住まい」や金銀二枚の「片美濃」もまた囲いと呼ばれるように、常に例外はある。金銀二枚が王将に隣接しても囲いと呼ばれない陣形があるように、ある陣形が囲いと呼ばれる条件をすべて書き下すことはできない。「囲い」という表現は、成立条件の例示だけでなく、対局が進むなかで自陣が安定するという実践における妥当性によっても支えられているからである。千田の「囲わない囲い」は、ソフトの評価値を参照して培われた新たな安定の感覚を通じて、囲いという概念の内実を拡張する表現となっている。

一方、阿部の「(ソフトは)最後まであきらめない〜本当は人間の棋士にとって必要なこと」という表現では、「あきらめないことが大事」という命題をあてにしてなされてきた自己言及的な実践に「ソフトのようにあきらめない」という新たな要素を導入することで、終盤の指し手をめぐる発想の再考が促されている。ソフトという異質な他者と関わることで「強さ」「囲い」「あきらめない」といった概念が流動化し、次第に拡張されていった。規約と実践はたがいにたがいではないものとして自らを措定《そてい》しながら、両者の狭間にある両者のどちらにも還元できない力動を——自ら認めることなしに——摂取することで賦活される。その力動は、フレーム問題と自己言及をたがいに無効化していく無根拠な世界の運動性であり、将棋というゲームにおいてそれは、規約と実践の狭間における「強さ」なるものの不断の生起と変容として現れる。だからこそ、実生活とは乖離した盤上の一手一手は、時に生の根底を貫く響きを帯びる。漫画『3月のライオン』で、タイトル戦敗退の瀬戸際に追いつめられた島田開八段が「ああ／畜生っっ／『生きてる』って／気がするぜぇ」と唸るように。

ルールと慣習

一般に、近代的なルールに基づく競技と伝統的な文化に基づく慣習はまったく別のものとして捉えられる。公平なルールを制定するには曖昧な慣習が混じりこんではならず、文化的慣習は明示的なルールによって規定される競技とは異なる価値をもつとみなされている。

だが、近代社会においてルールと慣習はたがいにたがいではないものとして自身を規定しながら、暗黙裡にたがいをあてにしている。たとえば、フットボールにおける「オフサイド」は、一九世紀英国のパブリック・スクールにおいて味方の集団から離れてゴール前で待ち伏せする汚い（sneak）行為を非難する言葉として用いられていたものが、ルールとして成文化されたものである。[10] 二〇〜二一世紀にかけてさまざまに変更されたオフサイドルールに共通の基盤を求めるとすれば、結局のところ「汚い」、「恥知らず」、「卑怯《ひきょう》」といった慣習的な概念をもち出すしかない。いずれにせよ、それらのルールは味方から離れた位置でプレーに関与して不当に利益を得ることを禁じるものであるからだ。もちろん、「汚い」とか「卑怯」といった言葉がルールブックに記載されることはないが、オフサイドと汚さや卑怯さの繋がりは、「干渉」や「利益」や「主審の判断」といった表現を通じて暗黙のうちに維持されている。

一方、初詣や参拝といった慣習的な実践において、私たちが実際に行っているのは、決められた手続きに沿って特定の行為を実行することである。正しい参拝の方法や「おみくじ」の扱い方がしばしば問題になるのは、そうした手続きに従う形でしか私たちはそれらの実践に参与できないからであり、にもかかわらず、それらの手続きが明示的なルールとしては周知されないからである。

オフサイドの例に見られるように、実践論的自己言及による規約論的フレーム問題の無効化は、規約による慣習的自己言及の否定にすりかえられる。その内実を完全に確定できないオフサイドというルールを機能させてきたのは、競技の内側に染みこんだ慣習的な自己言及、「オフサイドという卑怯な行為をしてはならない」ことをあてにした実践の効果である。にもかかわらず、オフサイドをめぐる語り口から「卑怯」や「汚い」という表現が排除されることで、フットボールを文化的な背景から独立した（誰でも参加できる）近代的スポーツとして位置づけることが可能になる。一方、参拝の例に見られるように、規約言明による実践論的自己言及問題の無効化は、実践によるフレーム確定の否定にすりかえられる。伝統的な慣習を明示的なルールによって規定されないものとして位置づけることによって、むしろいくらでも新たなルール（手続きや手順）を生みだすことができる。だからこそ伝統は繰り返し「創造」されうるのだ。[11] にもかかわらず、それらのルールから実践を最終的に規定する権能を丁寧に排除することによって、実践の内奥にある（とされる）伝統による基礎づけが維持される。驚くべきは伝統が常に創造されていることではなく、絶えざる創造が不動の伝統へとすり替えられていることである。こうして、近代的ルールと文化的慣習はまったく別のものだという外観が生みだされる。

将棋の近代化もまた、公平なルールに基づく熾烈な競争の結果として獲得される名人位に家元制という伝統との連続性を与える永世名人制度に見られるように、ルールと慣習の相互排他的かつ相互依存的な結合によって支えられてきた。だが、将棋ソフトの台頭は、両者を横断しながら結びつける棋士の「強さ」なるものを激しく揺り動かしていく。

たとえば、電王戦終了後の二〇一六年には、三浦弘行が対局時に将棋ソフトを参考にしているのではないかという疑いが複数の棋士から提起され、三浦はすでに挑戦を決めていた竜王戦七番勝負を含む長期の出場停止処分を受けている。後に将棋連盟は第三者委員会の「不正の証拠はない」とする報告を受けて三浦に謝罪し、谷川浩司《たにがわこうじ》会長（十七世名人有資格者）が辞任するに至っている。ソフトの棋力が明らかに棋士より劣っているのであれば、こうした疑惑は生じえない。しばしば「カンニング」という表現が用いられたことからも、人間よりもソフトのほうが強く、より「棋理」を知っていることが前提となっている。にもかかわらず、出場停止処分は、谷川会長をはじめとするトップ棋士の合議に基づいて決定された。この出来事は、もっとも強い棋士がもっともよく棋理を知るものであり、だからこそ競技者でありながら将棋連盟という運営団体のトップにも立つという既存の前提が、棋士自身によって否定されながら維持されるという矛盾を露呈させるものだったのである。

ソフトの台頭を通じた「強さ」の不安定化は、電王戦本戦においても見られた。とりわけ、問題になったのは、第三回と第四回の電王戦における棋士の戦いに現れるようになった「アンチコンピュータ戦略」である。これは、事前に貸し出された対戦ソフトと膨大な数の対局を行い、ソフトが自ら不利になる手をより高い確率で指す局面を調べ上げ、本番の対局においてその局面へと誘導する戦い方である。電王戦ＦＩＮＡＬ最終局阿久津主税―「アウェイク（AWAKE）」戦では、阿久津が角打ちの隙をあえて作る陣形を組み、アウェイクが狙いどおりに△２八角と打った直後、アウェイク開発者で元奨励会員の巨瀬亮一《こせりょういち》が投了を告げ、わずか二一手で終局となった。阿久津の指し手は、対局前に行われたアウェイクとの対戦企画においてアマチュアが用いて勝利した手順と同じく△２八角と打つ局面へと誘導するものであり、巨瀬は対局後の記者会見において「事前に同じ形でアマチュア相手にハメられた形でしたので、そういう将棋をプロの方がされるのは残念です」と述べている。[12]

阿久津は△２八角打を誘導しながら相手が角を打たない場合にも対応できるように周到な準備を重ねて本局に臨んでおり、適切な対処法を知っていれば容易に対処できる「ハメ手」と同列に扱うのは難しい。だが、ルール上は何の問題もないとはいえ、ソフトの確率論的な弱点をつくことで得られた勝利が棋士の「強さ」を示すものであるのかは極めて不明瞭である。ソフトの指し手が膨大な数のシミュレーションによって確率論的に把握できるものとされる以上、阿久津は棋士相手の対局と同じように、相手の将棋を事前に深く研究したうえで対局に臨んだだけとも言える。だが、その姿はもはや心身を賭して一局の勝負に挑む棋士のイメージとはかけ離れたものとなっている。棋士がいつもどおりに一人で将棋盤に向かっているという「見た目」によってギリギリ成立してきた電王戦シリーズは、棋士が次第に対ソフト戦において有効な戦略へと最適化するようになりその見た目をまったく維持できなくなった本局をもって、終了したのである。[13]

観念の変容

電王戦終了後、ソフトの指し手や評価値の影響を受けながら変化している現在の将棋界においてもまた、「強さ」なるものの変容と不安定化は続いている。若手棋士を中心としてソフトから得られたアイディアが公式戦で採用され、従来の将棋観では捉えにくい斬新な戦型が現れる。「飛車先の歩交換、三つの得あり」という格言の有効性が、飛車先交換を重視しないソフトの評価値を参考にした棋士の指し手によって部分的に否定される。長らくプロ棋戦の主戦場となってきた相矢倉戦が減少し、陣形を固める前に仕掛ける「怖い」手順が頻発するようになった。

電王戦FINAL第四局でポナンザに敗れた後、ソフトを用いた研究を取り入れた若手棋士の一人、村山慈明《むらやまやすあき》は、ソフトは「お守り」みたいなものだと表現したうえで、「ソフトと同じことをやっていればポカはないし、簡単に悪くならない」と述べている。[14] だが、同時に「ソフトの評価値を重要視するあまり、自分のスタイルを見失っている部分はあるかもしれません」とも述べており、自分で考えるのを怠ってしまう危険性も高いために、ソフトを用いた研究の割合を減らすようにしてきたとも言う。一時は電王戦に出場した二〇代の棋士が棋士レーティングの上位を独占し、ソフトを研究に用いた若手棋士が強くなってきたという一般的傾向は見られるものの、その活用法は、千田のような積極的なものから村山のような一定の距離を取ったものまでさまざまである。棋士の強さを構成する要素として、将棋ソフトからの影響にいかに対処しうるかがカウントされるようになったのは確かだが、その「強さ」なるものが、いかに再構成されていくのかは依然として不明瞭なままである。

電王戦における棋士とソフトとの相互作用を通じて、将棋において競技と文化を繋いできた「強さ」なるものは著しく不安定化した。「コンピュータは棋士よりも強いのか」という問いに駆動された興行を通じて、むしろ「強さ」という観念自体がさまざまに変化してきたのである。

機械的な情報処理と結びつくことで観念が変化していくという過程は、情報技術が隅々まで浸透した私たちの日常生活にも広く見られる。前述したＬＩＮＥにおける「既読」の意味の変化、Facebookにおける「いいね！」の普及を通じた「承認」や「同調圧力」といった語彙の活性化などが挙げられるだろう。あるいは、レシピ掲載サイト「クックパッド」においては、家庭料理に携わる人々の必要性や欲望をより満たすレシピをランキングの上位に並べていくシステムを通じて家庭料理のデータベース化が進められるなかで、「揚げない揚げ物（大量の油を使わずにフライパンで調理する揚げ物）」、「おにぎらず（手で握らないおにぎり）」、「ＨＭ（ホットケーキミックスの略称）」といった語彙が普及し、家庭料理における「美味しさ」なるものがさまざまに変容しつつある。[15]

近年のＡＩブームにおいては、絵画や作曲や小説といった芸術的活動を担う「人工知能」の開発に注目が集まっている。だが、そこで問題になるのもまた、機械が人間の創造力を超えられるのかではなく、むしろ「美しさ」や「面白さ」や「強さ」といった曖昧でありながらも私たちの日常的な営みにおいて重要な役割を担っているさまざまな観念が、機械的な情報処理との関わりを通じていかに変容していくのか、という問いではないだろうか。機械という異質な他者との関わりを通じた観念の変容、それは第一章で述べた「知能機械への生成」をめぐる重要な係争点として捉えることができるだろう。

技術と人間が結びついた第三のエージェントへと私たちが変化していくプロセスにおいて私たちが

日常的に用いているさまざまな観念はいかに変化していくのか、という問いは、本書が探ろうとする「現在のなかの未来」において重要な位置を占める。技術がいかなる未来をもたらすのかを予測するより前に、変化をもたらすとされる先端技術が浸透するなかで、過去と現在と未来を語る私たち自身の言葉、イメージ、観念が変化しつつあることに目を向けよう。機械とともに生きる未来を展望する私たちのよってたつ大地自体が、機械という他者との関わりにおいて流動している。その足下を見つめかえし、掘りかえし、練りなおすために、次章からは、過去と現在を繋ぐ軌跡において知能機械と私たちの関係を再考していきたい。

第六章

記号の離床

デジタルな記号

ここまで、将棋電王戦をめぐる棋士とソフトの相互作用を検討することを通じて、人々が知能機械との関わりにおいていかなる存在へと生成しうるのか、という問いを探求してきた。現在から少し未来へと踏みだした地平を探索した前章までの議論に対して、以下ではより一般的な視点から、近い過去から現在に至るまで知能機械と私たちの関係性がいかなるものになってきたのかを検討していく。ただし、第一章で述べたように、過去⇓現在⇓未来という直線的な時間軸に沿って変化を検討するのではなく、近い未来と近い過去で挟み込むことによって私たちが生きる現在がいかなるものであり／いかなるものでありうるのかを炙りだすことが本書の狙いである。

まず本章では、インターネットに代表される情報処理機械を介したコミュニケーション（CMC：Computer Mediated Communication）の二〇世紀末から現在に至る変化の軌跡を検討する。

「情報革命」や「情報通信技術（ICT）」を語るとき、私たちは暗黙のうちに二つの意味を「情報」という語に含めている。計算機科学や情報科学において、「情報」とは「複数の場合のなかでどれが起きたかを伝えるもの」である。とりわけ大半のコンピュータが処理できるのは、「二つの場合のうちどちらが起きたか」を伝達できるビットという単位（0／1）で表されるデジタルな数列である。一方で、私たちは「この本は分厚いわりには情報量が少ないなぁ」などと言うときもある。ここでいう「情報」とは機械的に処理可能な情報ではない。機械的な情報であればデータが多い（＝分厚い）ほど情報量は多くなるからだ。むしろこの発言は、本という記号の集積体がもつ意味作用の質、自分の知らないことや知りたいことがどれだけ書いてあったかを問題にしている。

二〇世紀半ばにクロード・シャノンが情報理論を提唱して以来、「情報」という語は比喩的に拡張され、二重の意味をもつようになってきた。[1]　たとえば「ネットで情報を集める」と言うとき、それは、自分の端末に大量の機械的情報を保存すると同時に記号としてそれらを理解するという二重の行為を含意している。さらに、コンピュータ・プログラム等のインターフェイスを介して両者が相互に変換可能な状態に置かれることによって、はじめて情報技術は私たちの日常と深く関わるようになる。たとえばオンラインのチャットにおいて、ユーザーのキーボード操作はデジタルな数列としてコンピュータに入力されたのちネットワークを通じて伝達され、プログラムを介して自然言語の文字へと変換されたうえで、チャット相手のモニター上に表示される。ユーザーの書いた文字列はいったん機械語に変換されなければチャット相手に届かず、それが再び自然言語へと変換されなければ相手は理解できない。

機械的な情報と人間的記号の相互変換によって支えられるコミュニケーション、CMC上の表現を、ここでは「デジタルな記号」と呼ぶ。そこで重要なのは、デジタルな記号を構成する機械的情報と人間的記号がたがいに異なる特徴をもっていることである。

機械的な情報は、コンテクスト（文脈）に依存しないデジタルな数列とそれを組み合わせる形式的な規則（プログラム）によって構成される。それは、「統語論」から言語を捉える伝統的な言語分析の立場に極めて親和的な技術である。伝統的な言語分析においては、言語を構成する種々の要素を組み合わせてより複雑な命題を作る規則、すなわち統語論を特定し、発話が何かについて述べる（言及指示）機能に個々の要素がいかに貢献しているかという観点から、あらゆる言語カテゴリーを定義することが試みられてきた。こうした分析の基盤は、実際に発話されるさまざまな記号（「トークン」と呼ばれる）が、それらが発話される状況のすべてにおいて同じものを指示する価値（「タイプ」と呼ばれる）をもつことを確定することに置かれる。個々の発話が行われるコンテクストに依存しないこれらのタイプと、それらを結びつける規則によって構成される「文法」というコードが、日本語や英語といった言語を成立させる。こうした言語観においては、コンテクストに依存しない数列とそれらを組み合わせる規則からなる機械語やプログラム言語を「言語」と呼ぶことには何の不思議もない。そもそもコンピュータが開発された背景には、人間が用いる「自然言語」に散見されるような意味作用の文脈依存性を可能な限り除去し、形式的な規則に基づいて意味を正確に伝達しうる「純粋」な言語を目指す発想がある。[2]

これに対して、発話者や発話のコンテクストによって言語表現の意味が変わるという側面から言語を捉える立場も存在する。たとえば、二〇世紀初頭から北米で展開されてきた言語人類学においては、言語がいかに用いられるのかという「語用論」の観点から、言語の多くが発話状況の指標（インデックス）として機能することが重視されてきた。たとえば「この椅子」という発話が何を意味するかは、発話者と聞き手の位置関係や発話の状況（教室にいるのか、カタログを見ているのか等）に依存する。あるいは、さまざまな敬語を用いた表現は、発話者と聞き手の社会的な位置関係を示唆し、その関係において固有の意味をもつ。火がつけば煙が出るという状況が繰り返し生じることを通じて煙が火を表す指標となるように、発話はそれがなされるコンテクストと結びつくことで特定の意味をもつ。こうした言語のコンテクスト依存性を強調する言語人類学は、コンテクストに依存しない文法を言語と同一視する統語論的な言語観を批判し、個々の文化・社会によって異なる仕方で組織されるコンテクストを指標する機能に言語の基盤を見いだしてきた。[3]

どちらの言語観がより適切なのかは興味深い問いではあるが、ここでの問題ではない。むしろ重要なのは、デジタルな記号がこの二つの対立する言語観が交差する地点において機能するということである。つまり、「コンテクストに依存しない機械的な情報」と「コンテクストに依存する人間的な記号」の相互変換によって支えられたＣＭＣ（コンピュータを介したコミュニケーション）は、統語論的言語観と語用論的言語観の共存をいわば実装した技術なのである。

さらに、こうしたデジタルな記号の特徴は、機械的情報との接続を通じて人間的な記号の意味作用が変容するという状況を生みだしている。たとえば、ネットスラングとして用いられる「ネ申」という表現を考えてみよう。「ネ」と「申」を組み合わせて「神」とするこの表現は、コンピュータにとっては単なる二字の連なりであるものが、人間には横方向に巨大化した一つの文字に見えるという二重性によって成り立っている。情報と記号の相互変換という特徴を生かすことによって、この表現は、すべての文字が等しい幅で横方向に表示されるという一般的な制約を超え、それが形容する作品や人物などの特定の領域における卓越性や超越性を表すものとなっている。あるいは、誤字の意味の変化について考えることもできるだろう。変換や入力のサジェスト機能をもつスマートフォンが普及した近年では、誤字や誤入力に対する寛容な態度が広く見られるようになってきた。原稿用紙や手紙に書かれる文とは異なり、タッチパネルへの接触が瞬時に文字や語句を生みだすスマートフォンにおける誤字は、入力者の無知や無礼を意味するものとしては受け取られなくなりつつあり、頻繁に生じる誤字のなかには正字を代替する表現として使われるようになったものもある（「YouTube→ようつべ」、「以下略→(ry」など）。

こうした、〈コンテクストに依存する人間的記号の意味作用がコンテクストに依存しない機械的情報との相互変換を通じて変容していくプロセス〉を、本書では「記号の離床」と呼ぶ。同様のプロセスは、前章までの議論において検討した、阿部の「怖がらない機械」や千田の「囲わない囲い」といった表現にも見られる。彼らの表現が、将棋における「怖がらない」や「囲い」といった語彙を将棋ソフトによる局面評価と結びつけることで既存の将棋観からいったん切り離すだけでなく、自らの実践を通じて再び既存の将棋観と――それを変形させながら――接続するものでもあったように、「記号の離床」には、脱埋め込み化と再埋め込み化の過程がともに含まれる。つまり、人間的な記号が知能機械による情報処理と結びつきデジタルな記号となることで既存の状況から遊離していく過程は、デジタルな記号を通じたコミュニケーションが再び既存の状況に位置づけられるなかでそれを変容させていく過程を伴っている。だが、CMCが一般に普及し始めた初期の段階において、主に強調されたのは前者の側面であった。

電子公共圏

コンピュータを介したコミュニケーションが浸透しはじめた二〇世紀末から今世紀初頭にかけて、CMCは新たな共同性の実現への期待と密接に結びついてきた。それは、「マスメディアが統御する一方向的な（1×n）コミュニケーションとは異なり、不特定多数の人々による双方向的な（n×n）

コミュニケーションを可能にするコンピュータ・ネットワークは、人々を既存の社会集団や社会関係から解き放ち、より自由で民主的な議論と合意形成の場を生みだすだろう」といった期待である。こうした発想は「ネットワーク社会」や「電子民主主義」などと呼ばれたが、その学問的な基盤として哲学者ユルゲン・ハーバーマスが論じた「公共圏」という概念がしばしば援用されたことから、ここでは一括して「電子公共圏」論と呼ぶことにする。

「電子公共圏」というイメージは、デジタルな記号に実装された統語論的な言語観に依拠したものとして把握できる。というのも、ハーバーマスのいう「公共圏」を可能にする「討議（Diskurs）」とは、「通常のコミュニケーションを規制している社会規範自体の妥当性を問題にする、特別なタイプのコミュニケーション」であり[4]、こうした特徴が、既存の文化・社会的コンテクストに依存せず共通のコードに基づく発話が可能であるという、デジタルな記号の統語論的側面と重ねあわされることで、「電子公共圏」という理念が生まれてきたと考えられるからだ。確かにデジタルな記号を介すれば、異なる社会空間を生きる人々同士の発話が当人の移動なしに接続され、個々人の社会的属性をあまり考慮せずに対話することが可能になる。つまり、記号から情報への変換が発話から社会的コンテクストを抜き取ることで、より平等で民主的な市民間の対話（＝討議）を実現することが期待されたのである。

だが社会的コンテクストから自由な発話者とはいかなる存在であろうか。ここで注意すべきなのは、「電子公共圏」という理念が、パソコン通信の時代から普及してきた電子掲示板（ＢＢＳ）やメーリングリストや個人ホームページといった書き言葉を中心とする二〇世紀末の主なオンラインサービスの形態と結びつけて語られてきたことである。佐藤俊樹《さとうとしき》が指摘するように、一八世紀末以来「書くこと」は、自己を反省的（＝再帰的）に理解し表現できる近代的な「個人」として自らを育むための特権的な手段とされてきた。「自己表現としての書くこと」を通じて個々人は、特定の社会的コンテクストの中で生きながらも、そうしたコンテクストから一定の距離を取って世界を観察し自己の感性や意見を表明できる存在となる。その範例こそ「文学」であり、その作者である「作家」に他ならない。掲示板や個人ホームページにおける「n×n」型のコミュニケーションは、不特定多数の読み手に向かって「私」を表現するという、従来は作家という特権的な人物にのみ許されてきた「1×n」型のコミュニケーションを誰もが担うことを可能にするものとしてイメージされてきた。つまり、「電子公共圏」という理念は社会的なコンテクストから自由なコミュニケーションの担い手として「自己表現として書く私」を設定することで成立してきたのであり、そうした「私」が直接的に繋がりあうことで純粋に「公」的な空間が現れるだろうという未来への希望を伴っていたのである。

しかしながら、オンライン・コミュニケーションの主要な場がパソコン通信からインターネットへと移行し、より多数の人々が参与するようになった一九九〇年代から二〇〇〇年代前半にかけて、「電子的公共圏」という理念は次第に色あせていく。とりわけ、いかなる合意も形成しないままオンライン・コミュニケーションが加速して人格攻撃にまで発展する「炎上」や「フレーミング」と呼ばれる現象の頻発が、電子的公共圏構想の衰退を決定づけたといえるだろう。こうした状況を、北田《きただ》暁《あき》大《ひろ》は二〇〇〇年代中盤に次のように総括している。(A)「公共圏」とそれを支える「討議」概念は、コミュニケーションのコンテクストが一義的に確定できることを想定している。(B)この想定は——「公共圏」論が批判してきた――マスメディアによる一方向的なコミュニケーションが制度化される過程で自明視されてきたものにすぎない。(C)既存の慣習や規約がコンテクストの相互調整に寄与しにくいネット上のコミュニケーションにおいては、何が当のコミュニケーションの文脈であるかについて見解を異にする人々が無媒介に接してしまう。その結果、コンテクストが確定されないままコミュニケーションが自己目的化する「繋がりの社会性」が前面化して文脈の定義をめぐる闘争（「炎上」や「フレーミング」）を激化させ、いかなる合意形成も不可能となる。[6]

「電子公共圏」というイメージの台頭が、デジタルな記号に実装された統語論的言語観に依拠していたのに対して、その弱体化において浮上するのは語用論的な言語観である。「デジタルな記号」は機械的情報と人間的記号の相互変換によってはじめてコミュニケーションの媒体となるのであり、人間的記号の意味はその発話状況（コンテクスト）に依存する以上、そのコンテクストが不断に分裂してしまえば有効な対話は不可能となる。デジタルな記号の再埋め込み化を通じて、発話をめぐる合意がうまく形成できないような状況が生みだされていく。こうして、ＣＭＣを通じて理想的な市民的共同性が実現されるという「電子公共圏」のイメージは説得力を失ってきた。だが、オンラインにおける人々の関係性は市民的な共同性（の機能不全）という枠組みでしか捉えられないわけではない。以下では、デジタルな記号の二重性を「人称」という点から再考することで、公共圏という発想とは異なる仕方でオンラインのコミュニケーションを捉える視角を提示する。

非人称としての三人称

言語記号のコンテクスト依存性を示す例のなかでも、とりわけ特異な性質をもつのが人称代名詞である。「私」や「あなた」という語が誰を指すかは発話状況によって変化する。だがそれだけではない。かつて言語学者エミール・バンヴェニストが論じたように、「私」とは、『私』という語を含む発話の全体を発している人」を意味する。つまり「私」という語は、状況に応じて特定の人物を指示するだけでなく、その人物によって発せられたものとして当の発話を存在せしめる。したがって、「私が話している」という発話の状況それ自体、「私」という語を——明示的にせよ非明示的にせよ——含む発話によって指標されることでのみ生みだされる。[7]「私」という発話にはまた、『私』に話しかけられている聞き手」としての「あなた」が常に含意されている。「私」なしには「あなた」は存在しない。そして、私に「あなた」と呼びかけられたその当人が今度は「私」として私に「あなた」と呼びかける。主体（話し手）と客体（聞き手）の反転が繰り返されるなかで、発話は複数の主体を接続していく。

一方、三人称代名詞（「彼」や「彼女」や「それ」）は、特定の人物や物を指示することはできるが、発話状況に対して何の影響力も及ぼさない。それらは発話状況の外部にある「誰か／何か」を指すものであり、客観的な存在者への指示を言い換えたものにすぎないからだ（たとえば、「ピエールは病気だ」→『彼』は熱がある」のように）。三人称とはそれが指すものが「私／あなた」ではないことを表す「非人称」なのである。[8] したがって、発話状況を指標する一／二人称が語用論的に把握されうる記号であるのに対して、言い換えを通じて他の記号と対応づけられる三人称は統語論的に把握されうる記号である。

前述したように、「デジタルな記号」は、機械的情報と人間的記号の相互変換を通じて現れる。したがって、後者においては一／二人称のものとして把握される発話も、前者においては三人称＝非人称のものとして把握される。言い換えれば、コンピュータは「私」や「あなた」を人称的な記号として理解することはできず、ただ三人称＝非人称の数列としてそれらを処理する。たとえば、多くのネットサービスにおいては、アカウントを取得する際に必要情報を入力したあと「あなたのアカウントを作成する前に、あなたがコンピュータではないことを確認する必要があります」といったメッセージとともに歪曲《わいきょく》された文字列の画像が表示され、入力スペースに正確な文字列を打ち込むと登録が完了するようになっている。モニター上に表示されるメッセージは、「私」（サービス会社）から「あなた」（ユーザー）に発せられた「記号」として理解することもできる。だが同時に、「コンピュータではないことを確認」される「あなた」とは、入力スペースに文字＝数列を打ち込む「誰か／何か」、コンピュータ・ウィルスでもありうるような三人称＝非人称の存在にすぎない。

炎上する私

このように、「デジタルな記号」を介したコミュニケーションにおいては、「一／二人称」と「三人称」とが相互に変換可能な状態に置かれる。この含意は甚大である。というのも、前述したように初期のＣＭＣは「自己表現として書く私」たちの双方向的な繋がりを生みだすものとして期待されてきたわけだが、そもそも「デジタルな記号」を用いて「私」を表現できるという想定は必ずしも自明ではないことになる。CMC上に現れる一人称の「私」は、常に三人称＝非人称の存在ともなりうるからだ。そして、「電子公共圏」の夢が弱体化した二〇〇〇年代前半以降、オンライン・コミュニケーションの主流をなすサービスは、次第に一／二人称と三人称の相互変換を積極的に活用しながら新たな形で人々を繋ぐものへと変化していく。

まず二〇〇〇年代前半に広く普及した「ブログ（ウェブログ）」を見てみよう。ブログは、ウェブ日記やニュースサイトや個人ホームページといった従来存在したサイトと同じく、各人が自らの関心や興味に基づいてさまざまな情報を発信する場ではあるが、HTMLを知らなくても簡単に標準的なサイトを作れることから多くのユーザーを獲得した。その特徴は、ブログ間のリンクを促進するさまざまな仕掛けを実装することで、書き手（ブロガー）が多くの読み手をより容易に獲得できるようになった点にある。たとえば、ブログ内の各記事に固有のURLを発行する「パーマリンク」によって、他のブログの記事を自分のサイトにリンクして紹介することが容易になり、他のブログ記事にリンクを貼るとリンク先に通知される「トラックバック」によってブログ間の相互リンクが促進され、常設された「コメント欄」によって個々の記事に読み手がコメントすることが可能になった。いずれも、記事（エントリー）という細かい単位でコミュニケーションを活性化させる仕掛けである。それらがリンク付けの多寡に基づいて検索結果を提示するグーグル検索と極めて相性が良かったこともあり、ブログは多くの書き手と読み手を獲得し、ネット上のコミュニケーションの中核の一つを担うサービスとなっていく。

ブログは、それ単体では、書き手である「私」とそれを読む「あなた（たち）」との人称性を帯びた（1×n）コミュニケーションであり、記事がいかなるコンテクストで読まれるかは書き手が主導する両者の関係性を通じて制御できる。だが、読み手があるブロガー(A)の記事から別のブロガー(B)の記事へとリンクを辿って移動すると、読み手はBとの間に「私／あなた」関係を取り結び、Aは一人称の主体から単なるリンクの向かう先、発話状況の外部にいる三人称＝非人称の「誰か／何か」へと転化する。リンクが貼られている以上、二つの記事には何らかの共通性があるはずだが、それが書かれたコンテクストは多かれ少なかれ異なる。このとき、読み手がBのブログ記事のコンテクストからAの記事を捉え直しその解釈を変えるということが生じうる。あるいは彼は、Aのブログ記事を自らのブログで紹介し、Aの意図とは異なるコンテクストで解釈したうえで、Aへの非難を元記事のコメント欄に記すかもしれない。こうしてAは自らの記事のコンテクストを制御することができず、彼の言葉は複数の異質なコンテクストへと流出していく。従来の個人サイトでは、多くの場合トップページにリンクが貼られていたので、記事が読まれる前に書き手の意図や文脈を説明することができた。だが、記事単位でリンクが貼られるブログでは、書き手たる「私」が文脈を制御することが困難になり、コメント欄を中心に対話が空転しつつ激化していく「炎上」が頻発するようになる。

前述したように、「誰もが不特定多数の読み手に向かって自己を表現できる」という理想を実現するものとしての期待が初期のオンライン・コミュニケーションに託されていたとすれば、その限界点にブログを位置づけることができるだろう。「リンクを促進する」というブログの特徴は、より多くの「私」をより多くの読み手と接続させる一方で、異質なコンテクスト間のネットワークに「私」を流出させる。非人称化し複数化した「私」は見知らぬ読み手たちによって捕捉され、元記事のコメント欄へと投げ返される。そこでは、「私」の単一性・自律性を守ろうとするブロガーの意図と、「彼」を自らのコンテクストに取り込もうとする読み手たち（それはまた彼ら自身の「書く私」の自律性を守ろうとする行為でもある）の意図がたがいにたがいを否定するように働き、書き手の「私」を圧殺する凄惨な快楽を伴いながら、終わりなき「コンテクストをめぐる闘争」が引き起こされるのである。

N次創作

これに対して、二〇〇〇年代後半から普及した「ニコニコ動画」や「Twitter」では、自己の単一性を前提にせず、むしろ複数の異なるコンテクストを接続する位置に個々の主体性をおき直すことで人々を関係づけていくような形式が現れてくる。

「ニコニコ動画」は、「アップロードされた動画の再生画面上にユーザーがコメントをつける」ことのできるサービスである。これらの動画の多くは、別の動画を元ネタとして制作される。マンガ同人誌などオリジナル作品から垂直的に派生する「二次創作」とは異なり、「三次・四次・五次……と派生関係が伸びていく、マルチホップ的な相互引用・協働創作」の産物であるこれらの作品を、濱野《はまの》智史《さとし》は「N次創作」と呼んでいる[9]。こうした複数の動画間の「元ネタ↓派生」関係は(A)制作者による元ネタ動画のリンク貼り、(B)ユーザーによる「タグ」付け、(C)コメントによる直接／間接的言及、などによって可視化される。たとえば、ある人気動画Aをユーザーが見ているとしよう。その動画単体では、制作者である「私」の表現が、観賞者である「あなた（たち）」に届けられるという図式で把握されうるが、ユーザーがリンクを辿って元ネタ動画（B、C、……）のページに移動すると最初の動画Aの作者は一人称性を失い、リンク先の「誰か／何か」へと転化する。ここまではブログと同じ構造である。だが、ひと通りリンクを辿ったあと最初の動画を再び観賞すると――ブログとは異なり――その動画のコンテクストを以前よりも理解できることにユーザーは気づく。というのも、先行する元ネタ動画の素材やコンテクストが接合され畳み込まれることで、当の動画とそのコンテクストが形成されているからだ。

こうしたコンテクストの関係づけにおいては、「コメント」や「タグ」という文字情報の果たす役割が大きい。まず、ある動画を各ユーザーが「どのように見ているか」が動画上を流れるコメントとして表示され、それらのコメントを通じたやりとりのなかで当の動画を観賞するコンテクストが流動的に形成されていく。とりわけ動画が盛り上がるポイントではユーザーが同じコメントを一斉に投稿する「弾幕」と呼ばれる現象が起こり、そうしたコメントは当の動画のコンテクストを一言に圧縮するような効果をもつ。これらのコメントは、その動画を元ネタとする派生動画においても変形されつつ反復され、そのうちのいくつかは元ネタと派生動画に共通する「タグ」として記載される。

以上でみてきたようなN次創作のネットワークにおいて、動画制作者は単一で自律的な「作者」として自己を表現しているのではなく、複数の制作者、作品、コンテクストのネットワークにおける「ハブ」として自らとその作品を提示する。彼らの作品はさまざまなコンテクストをいかにうまく接続しているか、そこから新たな繋がりを発生させる力をどれだけもっているかによって評価されるのである。ただ、ニコニコ動画に「自己を表現するもの＝作者」がまったく存在しないわけではない。ネットワークのハブとなる人気動画をいくつも発表した制作者は、確立された評価をもつ「作者」として捉えられるようになり、彼らの動画は「アンチ」と呼ばれる批判者と擁護者によるコメントの応酬を通じて「炎上」する。とはいえ、ニコニコ動画を通じて、複数のコンテクストをめぐる闘争と協働、「自己表現する私」と「ネットワークのハブとしての私」との間でバランスをとりながら人々の繋がりを生みだしていく新たなコミュニケーションの形態が提示されたとは言えるだろう。そこにおいて、個々人は「誰かの作品をもとに創作する私」である点で、作家を範例とするような一人称の私よりも小さく、非自律的であるからこそ他者と関係しうる存在となっている。

○・五人称発話

動画を中心とする「ニコニコ動画」と比べ、文字情報を中心とする「Twitter」は一見してブログに近いようにみえる。実際、「現在自分が何をしているのか」というステータスに関する情報を、一四〇字以内のテクストで投稿するものとして始まったこのサービスは、「マイクロブログ」とも呼ばれていた。だが、そこでなされるコミュニケーションの構造は、ニコニコ動画よりもブログから遠い。ニコニコ動画には、まとまりをもった「作品」によって「自己を表現する」という図式が——かなり変形されてはいるものの——まだ適用可能である。これに対して一四〇字という字数制限をもち、携帯端末を用いれば二四時間いつでも投稿可能なTwitterでは、ブログのように「単一で自律した個人」として自己を表現することが極めて困難になっている。どんなに自己をコントロールして提示しようとしても、Twitterに慣れれば慣れるほど、日常の些細な出来事や思考を脊髄反射的に投稿するようになる。結果として、それらの「つぶやき」(ツイート)は断片的で単純になり、その時々の状況をダイレクトに反映したものになりやすい。その効果は主に二つの仕方で現れる。
第一に、「私」の生活が断片化された無数のコンテクストを横断しながら成り立っていることが可視化され、それらの無数に分割された「私」に「タグ」を貼るような効果をもたらす。第二に、「私」を位置づけるコンテクストが断片化・複数化されることによって、他者のツイートとの接続可能性を増大させる。

たとえば、ブログでは精密な論考を展開することで有名な人物Aでも、Twitterでは嫌いな同僚についてつぶやいてしまうかもしれない。そのツイートは、彼のブログの読者には到底ならないような人物Bの目に触れ、同感や非難を示すメッセージが届く。このとき、Aのツイートは不特定多数の目に触れるが、それは人称性を帯びた「私」から「あなた」への発話ではなく、誰に向けたとも言えない、いわば「〇・五人称」のつぶやきである。発話状況に根ざした人間的記号としてのツイートはAにとって単なる「独り言」にすぎないが、それが機械的情報に変換されることで、Aの発話状況を超えた領域にまで届いてしまう。それは非人称の「誰か／何か」の発話としてBの前に現れ、Bからの返信（「@＋相手のＩＤ名」を付けて投稿されたツイート）がAに届く時点で、はじめて一人称の発話となる。このとき、Aは自らの発した「記号」の潜在的な聞き手たる「あなた」をBに見いだし、そうした「あなた」との関係において潜在的な「私」を発掘する。つまり、「私」がそのようなことを言う人物でもありうることに気づかされるのである。

こうして、Aの「私」は自らにとって異質なコンテクストへと流出し、異質な他者と接続する可能性が生みだされる。ただし、そうした接続がAにとって納得できるものであるとも有益であるとも限らない。Bからの返信はただの厄介ないいがかりに感じられるかもしれないし、嚙《か》み合わない会話が両者を疲弊させるだけで終わるかもしれない。Aが著名人であれば、「つぶやき」を引用して彼を非難するツイートが次々と伝播《でんぱ》し「炎上」状態に至る可能性もある。とはいえ、Twitterを通じて、自己を無数に分割し潜在的にもちうるコンテクストの複数性や拡張性を可視化することで、異質なコンテクストを接続しながら人々の繫がりを生みだしていく新たなコミュニケーションの形態が現れたとは言えるだろう。そこにおいて、個々人は「未知の他者に向けてつぶやく私」であるという点で、一人称の私よりも小さく、非自律的であることによって他者の介在を誘発しうる存在となっている。

規範化

ニコニコ動画における「N次創作」やTwitterにおける「つぶやき」は、個人ホームページやブログが継承した文学的で作家的な「私」を縮減することによって、他者との関係を組み替えるものであった。こうしたオンラインにおける主体のあり方は、二〇一〇年代前半から普及したFacebookやLINEにおいて、より簡略化された仕方へと変化していく。

Facebookではブログのように自らの見解を提示する投稿もなされるが、他者の投稿を自らの投稿に組み込む「シェア」や、他者の投稿に対する「いいね！」、有名店の人気料理や話題の絶景などを写した画像にコメントを付けた投稿も多い。それらはもはや純粋な「創作」には見えないが、誰かが発信したものに対する反応を自らの発信とするという点では、N次創作と同じ形をとっている。Twitterにおいて他者の投稿を再投稿する「リツイート」と同じく、それらは、他者のメッセージに自らの主体性を軽く添えることでメッセージの流通を円滑にする簡易な創作物なのである。

ＬＩＮＥにおけるコミュニケーションは、第一章で検討したように、実際には空間的にも時間的にもバラバラに行動している者同士がスマートフォンを通じて対面しているかのような疑似同期型の会話を楽しむものとなっている。そこにおいて、個々の発話はメールやチャットにおける発話のように直線的に会話相手に向かうものとは限らない。むしろ、ＬＩＮＥにおける会話の多くは、Twitter のような「つぶやき」に近いものから始まり、それを相手が拾うことによって会話のリズムが作られていく。メールにおける対話がいわばポジションを固定したキャッチボールであるとすれば、ＬＩＮＥにおける会話はポジションを固定しないキャッチボールのようなものである。話者が相手の斜め方向にボールを投げ、それを移動しながらキャッチした相手が、さらに斜め方向に投げ返す。だからこそ、柔軟なポジション・チェンジを怠って会話のキャッチボールを停止させる「既読スルー」が問題視されることになる。つまり、ＬＩＮＥにおいては、Twitter における〇・五人称発話から一人称発話への変換が簡易化され、規範化されているのである。こうした現象は近年の Twitter においても見られるものであり、そこでは、自己の突発的な流出を抑え、自らのつぶやきに反応するだろう他者をあらかじめ想定したうえでなされるツイートが一般化している。ただし、こうした予定調和的な〇・五人称発話の規範化に抗するかのように、発話の自動的な一人称化を防ぐ「エアリプ」と呼ばれる手法（誰かの発言への応答を@を付けずに投稿すること）も広まっている。

Facebook は、出身校や勤務先の情報によってフレンド登録をサジェストする機能をもち、ＬＩＮＥは、端末に登録された電話番号によって自動的に対話可能な相手を登録する機能をもつ。いずれも、オンラインのコミュニケーションをオフラインの関係性に基づいて組織する仕掛けである。こうした新たな形態のCMCは、スマートフォンの普及とあいまって、既存の社会的文脈からの逸脱よりも、むしろデジタルな記号を介した社会関係の再組織化を推進するものとなっていく。もはやオンラインのコミュニケーションを現実の社会から遊離した「電子公共圏」や「仮想現実」として捉える見方は説得力を失っている。むしろ私たちが「現実」とみなすもの自体が、FacebookやLINEやTwitterやブログといったさまざまなCMCが相互に結びつきながら構成する諸々のレイヤーを含みこむものとなりつつある。その典型的な風景は、居酒屋や喫茶店に集まって会話に興じながらも、しばしば全員が黙りこんでスマートフォンを操作している姿だろう。

こうした多層的な現実の一部となったCMCの複合体は、現在、広い意味で「SNS(Social Networking Service)」と呼ばれるようになっている。そこはもはや、近代的な個人が独自の見解を交換しあって合意形成に達するような場ではなく、初期のブログに見られたように個人の自律性を守るために「コンテクストをめぐる闘争」が延々と続くだけの場でもない。現在のSNSでは、むしろ、第四章後半で指摘したように、膨大な〇・五人称発話の連鎖が「炎上」や「バズ(Buzz)」を生みだし、「保育園落ちた日本死ね」のような強い情動を呼び起こすメッセージの流通が非討議的な公共性を帯びるようになりつつある。自律した個人間の理性に基づく討議を重視する人々にとって、こうしたメッセージが生みだす場は「公共圏」ではありえないかもしれない。だが、SNSの普及は——ダマシオが論じたような——合理的判断を方向づける情動を広範に伴う議論や合意形成を可能にしたとも言えるだろう。第一章で検討した「既読スルー」の例と同じく、人々とCMCの接続は両者のどちらにも還元できない、あらかじめ予想も期待もされなかった新たな状況を生みだしたのである。

観察者であることの痛さ

知能機械との接続による記号の離床を通じて、私たちの自己のあり方は大きく変容してきた。その変化をより詳細に検討するために、以下では、一つのフィクションを取りあげたい。二〇一二年に出版された小説、朝井リョウの『何者』である。ただし、情報技術による社会の変化を文学的な創造力に基づいて表象した作品としてこの小説を取りあげるわけではない。以下では、むしろ、小説的な自己のあり方をCMCとの接続を通じて改変する一連の記号操作の試みとして本作を捉えていく。

『何者』では、主人公である二宮拓人《にのみやたくと》の視点から、彼を含む大学生五人の就職活動が描かれる。拓人は友人の神谷《かみや》光太郎《こうたろう》とルームシェアをしている。光太郎が以前つきあっていた田名部《たなべ》瑞月《みづき》の友人である小早川《こばやかわ》理香《りか》が同じアパートに住んでいることがわかり、彼らは就活に備えて対策をねる「就活会議」を定期的にひらくようになる。

本作では、拓人の一人称視点から描かれる物語に、しばしばTwitterの投稿が挿入される。たとえば、拓人・光太郎・瑞月の三人がはじめて理香の部屋を訪れた際に、理香と同居している恋人の宮本《みやもと》隆良《たかよし》が帰宅してくる場面では、次のようなツイートが太字で示される。

宮本隆良　@takayoshi_miyamoto　2日前

彼女のシューカツ仲間がウチにて会議中。就活なんて想像したこともなかったから、ある意味、

興味深い（笑）。そんな彼女たちを横目に、買ってきた「思想を渡り歩く」を読み進める。ゼロ年代文化の転換期（変革期といってもいい）についてのコラム集。とっても興味深い。

instagram……

お気に入り1[10]

Twitter の仕様に従って字数は一四〇字以内。アカウント表記や「Instagram」へのリンク、投稿のタイミング表示も含めて、実際のTwitter 画面とほぼ同じ形式で書かれている。こうしたツイートが拓人の視点を通したさまざまな場面の描写に挟み込まれることで、対面的な会話もCMC上の投稿も日常を構成する諸々のレイヤーの一つとなった現在の状況がシンプルに描きだされる。さらに、本作の巻頭には、登場人物紹介の代わりにTwitter のプロフィール画面が記載されている。挿入されるツイートも以下に挙げるプロフィール文も、語り手である拓人が彼らをどのように見ているかではなく、登場人物たちが「自らをどう見せたがっているか」を示すものである。

宮本隆良　@takayoshi_miyamoto
休学を経て、現代総合美術館学芸員堀井さん（@earth_horii_art）運営のホームページ、「アートの扉」（http://www......）にてコラム「センス・オブ・クリエイティブ」連載準備中。創造集団【世界のプロローグ】所属（第4期）。創造的な人との出会い、刺激に敏感。最近はコラムや評など文章を書くことに興味。人と出会い、言葉を交わすことが糧になる。

RICA KOBAYAKAWA　@rika_0927
高校時代にユタに留学／この夏までマイアミに留学／言語学／国際協力／海外インターン／バックパッカー／国際教育ボランティア／世界の子どもたちの教室プロジェクト参加／【美☆レディ大学】企画運営／御山祭実行委員広報班班長／建築／デザイン／現代美術／写真／カフェ巡り／世界を舞台に働きたい／夢は見るものではなく、叶《かな》えるもの

にのみやたくと@劇団プラネット　@takutodesu
劇団プラネット第14回公演「羊を数えはじめたあの夜のこと」12／2〜5@ミヤマ新劇場小ホール http://www......OB ですが少し関わってます。チケット欲しい方DMかリプライ下さい。【好き】演劇、映画、水泳、日本酒。就活生。よろしくお願いします。[11]

これらのプロフィールには、他人の興味を惹《ひ》くだろう要素がちりばめられている。興味関心をスラッシュで区切って表記するプロフィールの書き方は、Twitter ユーザーの多くに広まった形式であり、それは、「ニコニコ動画」において動画に付けられていたタグを自分自身に付与するものとして把握できる。つまり、検索を通じてコンピュータが捕捉しうる非人称の「誰か／何か」との関係を大量に明示することで「私」が語られる。自己紹介文は誰の興味も惹かなければ単なる「独り言」であり、自らのオリジナリティを確立しようとすればするほど、「誰か／何か」からの借り物によって他者か

らの応答を引き出さなければならなくなる。ここでもまた、〇・五人称発話から一人称発話への変換が規範化されており、断片化した自己の流出が示唆する自己の新たな可能性に期待するのではなく、それらを的確に把握しコントロールする主体性が前景に現れている。本作に登場する人物たちが見せたがっている自分の人格自体が、いうなれば「N次創作」の産物なのである。もちろん、いかなる個人の人格もその人生において関係する人々からさまざまな影響を受けて形成されるとは言えるが、その影響関係を自ら取捨選択しリスト化することによって自己が明示されている点が異なる。語り手である拓人は、一見するとそのような人物たちから距離をとり、彼/彼女らを冷静に観察しているように見える。たとえば、偶然にも理香と同じ会社の面接に出た拓人は、グループディスカッションにおける理香の様子を次のように描いている。それはまさに、非人称の何かからの引用によって明示される自己のあり方である。

グループディスカッションのあいだ、小早川理香という人間そのものの意見は、一つも出てこなかった。留学をした小早川理香、インターンをした小早川理香、広報班長を、海外ボランティアをした小早川理香。見えない名刺を配っているような話し方に、グループのメンバー全員が、うんざりした表情をしていた。しきりに頷《うなず》いている風の試験官も、ちらちらとストップウォッチを確認していた。

名刺に並べてあるような肩書きを盾にしないと、理香さんは何も話せないんだと思った。たった数十分のグループディスカッションの間に、理香さんは自分自身ではない何者かにたくさん憑《ひょう》依《い》していた。[12]

拓人による記述は、あまり自分を装っていないように見える光太郎や瑞月には肯定的であり、無理して自分を装っているように見える理香や隆良に対しては否定的である。たとえば、理香と隆良が同《どう》棲《せい》しているにもかかわらずつきあい始めて三週間たっていないことに気づいた拓人は心の中で次のようにつぶやく。

宅飲みなのに、きれいな食器しか出てこなかった。そこに暮らしている人数以上の人間がいるのに、どうして割箸や紙皿など、適当なものが出てこないのか。それはあのふたりはきっと、互いに格好つけたまま一緒に暮らし始めてしまったからだ。その根拠は食器だけではない。隆良は自分の家にいるにもかかわらず、チノパンにきれいなシャツを着ていた。

あのふたりは、格好悪いところをお互いに見せることができていない。一緒に暮らすって、そういうことじゃないと思う。[13]

こうした拓人の語り口は「自分を装うべきではない」という一般的な倫理観に沿ったものであり、「それでも自分を装っている人は多い」という野次馬根性を穏やかに刺激しながら読み手を引きこんでいく。

拓人の視点から意味づけられた世界において若者たちの苦闘を盗み見る読書の平穏な快楽は、だが、物語が終盤にさしかかるにつれて変調していく。瑞月の内定が決まったことをきっかけにして、表面的にはいつも賑《にぎ》やかだった「就活会議」の面々の会話には次第に毒が混じるようになり、ついに拓人はこれまで観察の対象であった理香に正面から向き合わなければならなくなる。

内定の出ない焦りから瑞月の内定先の悪い評判をネットで調べていたことを拓人に知られた理香は、拓人もまた光太郎の内定先の評判を調べていた事実を示す携帯の画面を突きつけながら「……私、拓人くんに内定出ない理由、わかるよ」とつぶやく。このときはじめて拓人だけが二年目の就活生であることが明かされる。留学やバンド活動のために留年した他の四人とは異なり、拓人は就活に失敗したことで留年している。拓人の語りにおいて慎重に排除されていた事実に困惑する読者は、書かれていなかったことはそれだけではないことに気づく。拓人が地の文において理香や隆良を観察していた記述の一部は、友人たちには教えていない裏アカウント（何者@NANIMONO）から投稿されたツイートであり、理香はそれを出会った当初からずっと観察していたのである。拓人を糾弾する彼女の言葉は止まらない。

「みんなやさしいから、あんまり触れてこなかったけど、心のどこかではそう思ってるんじゃないかな。観察者ぶってる拓人くんのこと、痛いって」

「……」

「言ってあげようか？　いつだったかな、知り合ってすぐ、みんなでES書いたりした日、あんたが何て書いてたか」

携帯の画面を見ることもせず、理香さんは言った。

「【宅飲みなのに、きれいな食器しか出てこない。どうして割箸や紙皿が出てこないのか。あのふたりはきっと、互いに格好つけたまま一緒に暮らしてしまっている。男のほうは部屋着のくせにチノパンにきれいなシャツ。格好悪いところをお互いに見せることができていない。一緒に暮らすって、そういうことじゃないと思う】だっけ？」

内容は大体合ってるでしょう、と、理香さんは口の周りに漂う何かを吹き飛ばすように笑った。

「……」

「今の自分がいかにダサくてカッコ悪いかなんて知ってる。海外ボランティアをバカにする大学生や大人が多いことも、学生のくせに名刺なんか持って、って今まで会った大人たちが心の中できっと笑ってることも、わかってる」

「……」

「自分は自分にしかなれないんだよ。だって、留学したってインターンしたってボランティアしたって、私は全然変わらなかったもん。憧れの、理想の誰にもなれなかった。貧しい国の子どもと触れあったり、知らない土地に学校を建てたりした手でそのまま、人のアドレスからツイッターのアカウント探したり、人の内定先をネットで検索したりしてる。それがブラック会社って噂《うわさ》されてるようなところだったら、ちょっと、慰められたりしてる。今でも、ダサくて、カッコ悪くて、醜い自分のまま。何したってね、何も変わらなかった」

「……」

「だけどこの姿であがくしかないじゃん」

声が渦になっていく。

「だから私は誰にどれだけ笑われたってインターンも海外ボランティアもアピールするし、キャリアセンターにだって通うし自分の名刺だって配る。カッコ悪い姿のまま、がむしゃらにあがく。その方法から逃げてしまったらもう、他に選択肢なんてないんだから」

「……」

「心の中で思ってることって、知らず知らずのうちに、相手に伝わってるもんだよ。どれだけちゃんとスーツ着てても、どれだけもうひとつのアカウントを隠しても、あんたの心の内側は、相手に覗《のぞ》かれてる」

じん、と、まだあつい。

「カッコ悪い姿のままあがくことができないあんたの本当の姿は、誰にだって伝わってるよ。そんな人、どの会社だって欲しいと思うわけないじゃん」

俺は顔を上げる。

「そうやってずっと逃げてれば？　カッコ悪い自分と距離を置いた場所で、いつまでも観察者でいれば？　いつまでもその痛々しいアカウント名通り【何者】かになった振りでもして、誰かのことを笑ってなよ。就活三年目、四年目になっても、ずっと」

理香さんは、とても悲しそうな顔をしていた。14

理香の糾弾が終わった直後、九頁にわたって「何者@NANIMONO」のツイートが本作冒頭の場面から順に示される。それらは拓人が地の文に記しているそのままの文章から、地の文では排除されていた彼の「心の中」の叫びへと次第に変化していく。ここに至って、本作における地の文とツイートの並置が、自分なりに世界を観察し意味づけていく作家的・小説的な自己のあり方がCMCを通じて異なるコンテクストへと流出し包摂されてしまう状況を反映していることが明らかになる。地の文がTwitterを含んでいるだけではなく、Twitterが地の文を含んでもいるのだ。

一般に『何者』のような小説は、現代の若者のありようを鮮明に描いた物語として受容される。インターネットやスマートフォンといった技術はあくまで登場人物たちの生活を彩る要素とされ、それを用いて人物たちが何を行い・何を考えているのかという観点から評価がなされる。だが、こうした（第一章で検討した）道具説的な見方ではなく、媒介説的な見方から本作を捉えることもできる。さまざまな現象を人間の側か非人間の側に還元して理解する私たちに染みついた発想を放棄すれば、人々が人間ではないものとさまざまに結びつきながら生成変化している様が見えてくる。つまり、作中の登場人物たちはスマートフォンという機械と若者が結びついて生じるハイブリッドな存在者であり、その行為を通じて小説という人工物と結びついて生じてきた人々のあり方、既存のハイブリッドが相対化され改変されているのである。主人公の一人称で書かれた小説における地の文がその人物によって意味づけられた世界のあり方を示しているという約束事。その内側に位置づけられているように見えるTwitterの投稿文は、その外部にも繋がっている。つまり、「拓人＝私」の視点から世界を意味づける地の文の記述は、同時にTwitterのタイムラインにおいては非人称の誰かのつぶやきでしかないのであり、そのように拓人の記述を捉える視点が、理香という人物を介して地の文に導入されているのである。

　こうした本作の構造は、ＣＭＣの軌跡をめぐる分析と連続的に捉えることが可能である。ブログにおいてそうであったように、拓人（わたし）の一人称視点で書かれた記述は、読者（あなた）に届くことを通じて人称的な発話となると同時に、それをツイートとして読む理香の視点からは非人称の誰かの発言として受け取られる。だからこそ、この場面における理香は、表面的には平穏な友達関係において「拓人くん」と呼んでいた人物を、突き放した「あんた」という表現で呼んでいる。だが、ここでは「コンテクストをめぐる闘争」が問題になっているわけではない。理香の非難は、拓人が自らを措定しようとするコンテクストの妥当性を疑うものではないからだ。彼女は、そもそも自らを位置づけるコンテクストを無傷のままでコントロールできるという発想を否定しているのである。

　言い換えれば、理香の糾弾は、観察されてしまう者であることを拒否しながら発信者であり続けられるという、拓人の想定に向けられている。留学やボランティアといった、一般に肯定的な価値をもつと想定されるタグを自らに付与し続ける理香のような学生は、しばしば「意識高い系」として揶揄《やゆ》される。だが、拓人に投げつけられる理香の言葉が示しているのは、そのような揶揄の根拠となる「心の中」の思い（「一緒に暮らすって、そういうことじゃないと思う」）、客観的なタグ付けには還元されないはずの個々人の内面の動きもまた「覗かれてる」ということである。さらに、そうした内面的な意味づけが最終的には他者に評価されることによってしか妥当性をもち得ないということを、揶揄するもの自身がすでに認めてしまっている。実際、拓人は、地の文における観察を誰かに読んで欲しくてツイートしている。だからこそ、彼女は「その方法から逃げてしまったらもう、他に選択肢なんてない」と断言する。

このように、「意識高い系」と揶揄される者もそのように揶揄する者も、他者が認めうる客観的な指標に依拠して自己を提示するしかない点では同じであり、両者の違いはただその依拠がどれほどあからさまであるかという程度の差にすぎないのだ。理香が自らを「ダサくて、カッコ悪くて、醜い」と言うのは、単に理想の自分に近づけないからではない。その理想がそもそも自分の理想ではなく、「誰か／何か」からの引用の織物《おりもの》（「理想の誰か」）でしかないからである。だが彼女の言い分を「他人の目など気にせず自分のやりたいことをやればいいじゃないか」と言って退けることは難しい。そのように言う者は、拓人と同様、「他人の評価をまったく当てにせずに『自分のやりたいこと』を確立できる者などいるのか、誰もが実際には暗に当てにしているではないか」という強力な反論に晒《さら》されることになるからだ。

本作の読者が困惑の果てにたどり着くのは、被観察者であることを受け入れなければ発信者ではありえず、客観的な基準に即したN次創作を通じて自らを構成しなければオリジナリティを確立する可能性さえ認められず、他者の視点に首尾よく包摂されなければ自らの視点を確立できない、そのような矛盾に満ちた自己のあり方である。

こうした自己の編成がいかにして説得力をもってきたのかを考えるためには、オンラインのコミュニケーションをめぐる技術的・社会的実践の軌跡を分析するだけでは足りない。次章では私たちの自己を取りまく環境の変化という側面から、人々と機械の関わりを通じた自己の変容を検討していくことになる。

第七章　監視からモニタリングへ

私たちは覗かれている

本章では、知能機械との接続を通じた自己の変容を、個々人の自己を取り巻く環境の変化という側面からさらに掘り下げていく。

前章で検討した小説『何者』の終盤、主人公の拓人は就活仲間の理香から「どれだけちゃんとスーツ着てても、どれだけもうひとつのアカウントを隠しても、あんたの心の内側は、相手に覗かれてる」と指摘される。たしかに私たちは現在、Twitter や Instagram を開いて、他人の日常の一コマや些細な心の動きを簡単に「覗く」ことができる。仮に、そうした投稿のすべてが、行政当局が配置した監視員による個々人の記録であったとしてみよう。そこに現れるのは微細な監視に基づいて行動の詳細から心の内側まで記録されてしまう徹底的な管理社会の姿であろう。だが、実際のところ、それらは個々人の自発的な投稿だ。親しい友人にも言えない心の中のつぶやきであっても、拓人のように「裏アカウント」を作ってわざわざ他人が覗くことができるようにする。私たちは自ら監視されたがっているように見える。理香もまた、次のように拓人に迫る。

「私、あんたはもうひとつのアカウントにロックかけたりツイートを消去したりなんかしないいってわかってたよ」

「たまーに見知らぬ人がリツイートしてくれたりお気に入りに登録してくれたりするのが気持ち良くて仕方なかったんでしょ？　だから他人から見られないようにロックもしなかったんだよね」[1]

自分の思いを発信するために自ら進んで他者に覗かれる。ここでは、発信するという能動的な営為と監視されるという受動的な営為が、限りなく接近している。見るということは何らかの信号を受け取ることであり、見られるということは何らかの信号を受信されることである。[2] 他者に受信される信号が意図的に発信したものであるか／そうでないかが常に明確であれば、発信と監視は区別できる。だが、前章で検討したようにN次創作的メッセージ、人格の断片化、〇・五人称発話などが導入されてきた現代のCMCにおいては、発話の意図や主体性はしばしば不明瞭となる。

たとえば、洒落《しやれ》た料理の写真が目に映って思わず「いいね！」を押すと、他者のタイムラインに「いいね！」数の増加として伝わる。この一連のプロセスは、特定の写真に「いいね！」を押すことによって自分の肯定的な判断をフォロワーに伝える意図的な発信であるとも言えるし、自らの即時的な反応が他者に覗かれ計量可能な状態に変換される恒常的な監視が行われているとも言える。もしオフラインで自分の独り言が常に他人に聞かれていて、その内容が広く公表されていたら、「自分は監視されている」と感じるだろう。だが、そのように他人に聞かれることを前提にして常に独り言をつぶやいていたら「自分は発信している」と思うこともできる。現在のSNSにおける大半の発話は、この両者の間を揺れ動いている。自己の半主体的な発信が常に他者にモニタリングされ、発信に対する他者の反応もまた常にモニタリングできる状況において自己と他者との関係が形成される。

しかしながら、個々人が日常的に情報発信を行うことが自らの行為や思考を不特定の他者に監視されることでもある、という現在の状況は、あらためて考えると非常に奇妙なものではないだろうか。

こうした状況はすでに監視という言葉だけではうまく捉えられないものになっており、だからこそ本章でも「モニタリング」という、より中立的な言葉を用いている。

では、発信と監視の区別が限りなく不明瞭になり、たがいにたがいをモニタリングすることが暗黙裡に肯定される社会関係はいかにして形成されてきたのだろうか？ 以下では、まず人々の行為を微細にモニタリングすることで秩序を形成する統治の技法という側面に焦点を当てる。つまり、微細な行為の監視を必要とする統治権力がいかに形成されてきたのかについて検討する。そのうえで、そのような監視を自己の発信と結びつけながら自ら進んで担うようになった個々人の自己の編成について考察していく。[3]

生政治学

ミシェル・フーコーは、近代社会において台頭してきた統治の技法を「生政治学（*bio-politique*）」という概念によって捉える議論を展開した。フーコーの定義によれば、生政治学とは「人口集団（population）としてとらえられた生活者の総体に固有な現象、すなわち健康、衛生、出生率、寿命、人種などの現象によって統治実践に対して提起される諸問題を、合理化しようとする十八世紀以来のやりかた」である。[4] そこでは、生命の群れとしての人々の活動をより予測可能で管理可能なものとすることが目指される。この過程は、科学的知識や法律などの言語的要素だけではなく、建築物や計量装置といったモノを含む種々の要素間のネットワークが形成する装置（*dispositif*）[5]によって担われる。それは、世界の計算可能性を増し、人々の生をより合理的に把握可能なものとするように形成・維持・調整されていく。

生政治学という概念は、『知への意志』(一九七六年)にはじめてまとまった形で登場する。そこでフーコーは、一七世紀以来、西洋における権力のメカニズムに深い変化が生じたと論じる。主権者=君主という頂点から発せられ、臣下の生命(および生産物・財産・労働等)を掌握しそれを抹殺する特権という形で働く「殺す」権力から、頂点も中心ももたないまま生命に積極的に働きかけ、それを保証し増強し秩序立てて管理・運営しようとする「生かす」権力への移行。そして、こうした「生権力」は、第一に個々人の身体を調教し適性を増大させ経済的な管理システムへと組み込む身体の解剖政治学(規律訓育型権力)として現れ、第二に、生物種としての人間集団に伴う諸事象(人口統計、死亡率、健康、寿命 etc.)を規定する条件に介入し管理する「生政治学」として現れてきたと論じられる。

『知への意志』でのフーコーは、二つのタイプの権力の相補性を強調し、両者を包括するカテゴリーとしての「生権力」に焦点を当てる傾向が強い。だが、一九七八〜七九年にコレージュ・ド・フランスで行われた一連の講義[6]では、生政治学は独立して扱われ、より幅広い概念として用いられている。規律訓育型権力は、生命としての身体を標的にするものとして提示されるが、そこでフーコーが焦点を当てるのは犯罪者や性的逸脱者が種々の統治技術を通じて捕捉され、特定の責任を課せられる行為の主体として形成されていく過程である。対して、この時期に論じられるのは、主体の内部に介入してそのあり方を調整するような権力の働きではない。むしろ個々人の主体性は尊重=放置されながらも、全体として人々の生を管理・運営することを可能とするような統治の技法が、生政治学と呼ばれる。

こうした統治の技法を枠づける政治的合理性として、フーコーは「自由主義(および新自由主義)」

を取りあげる。七八〜七九年講義初回の草稿には、「自由主義を、生政治の一般的枠組として研究する」という目標が掲げられる。[7] 講義序盤では、審理陳述の場としての市場の分析を通じて真理と自由主義の繋がりが解明されるとともに、自由主義が自由を保障するだけでなく自由を生産しながらそれに一定の枠組みを絶えず与えることによって機能する統治の技法であることが示される。講義終盤では、二〇世紀におけるアメリカ新自由主義（ネオリベラリズム）の理論的著作を分析しながら、こうした統治性の相関物として現れる主体の有り様が描かれていく。

フーコーはまず、新自由主義にとっての問題が、市場という一つの自由な空間を社会の内部においていかに切り取り設置するかという一八世紀のアダム・スミス型の自由主義の問題とは完全に異なり、市場の合理性、すなわちその形式的諸原理を市場の外部にある一連の行い（結婚、子どもの教育、犯罪性など）に適用可能な一般的統治術として捉え直すことにあったと指摘する。続けて、こうした問題の中心に、「ホモ・エコノミクス（経済的人間）」という概念を練り直し、経済的行為者だけでなく社会的行為者一般に当てはめようとする試みがあったことが示される。

古典的な意味でのホモ・エコノミクスとは、交換する人間であり、交換相手となる人間である。そこでは、交換をめぐる個々人の行動様式を、必要性および有用性という観点から解明することが試みられた。一方、新自由主義においてホモ・エコノミクスは交換の担い手ではなく、企業家、とりわけ「自分自身の企業家」として読みかえられていく。そこで個々人は、自分が自由にできる種々の資本から出発し、自分自身のために生産を行って所得を得る。同時に、消費はもはや交換を構成する一要素ではなく、自分自身の満足となるような何かを生産する行為として把握される。[8]

自分自身の企業家としてのホモ・エコノミクスという概念。フーコーはその源を、一七世紀イギリス経験論哲学における主体の理論に求めている。彼によれば、イギリス経験論は西洋哲学にはじめて次のような主体をもたらした。それは、「還元不可能であると同時に譲渡不可能であるような個人的選択の主体として現れる主体」である。[9]還元不可能で譲渡不可能であるとは、個人がある行為を選択することの根拠がその人自身の内部（好みや感情）にのみ置かれ、それ以上の理由を見いだそうとすることは端的に無意味とされる、ということである。フーコーは、その具体例として行為選択の原理についてのディヴィッド・ヒュームによる以下の記述を引用する。「なぜ君は運動するのか、と誰かが尋ねられるとしよう。彼は、健康でありたいから運動するのだ、と答えるだろう。では君はなぜ健康でありたいのか、と尋ねられると、彼は、私は病気より健康を好むからだ、と答えるだろう。さらに、なぜ君は病気より健康を好むのか、と尋ねられると、彼は、病気とはつらいものであり、私は病気のせいで具合が悪くなるのはいやだからだ、と答えるだろう。そしてもし、なぜ病気がつらいのかと尋ねられるとしたら、そのとき彼は答える必要はないだろう。というのも、そうした問いは意味のないものであるからだ」[10]。こうした主体の理論は、あらゆる個人が利己的であると主張するものではない。むしろ、いかなる利他的な行為においても、行為選択の審級は主体自身の内部にのみ存在すると主張するものである。たとえば、「私は自分が病気であって他人が病気でないことを好む」と言うこともできるが、その選択の根拠は「私」のうちにあって、「他人」のうちにはない。

ヒュームのいう「つらいか、つらくないか」という選択の原理は、より一般化されて「利害関心」と呼ばれるものとなる。一八世紀以来ホモ・エコノミクスとは、このように自らに固有の利害関心に従う主体であった。それは、自由放任をその規則とするような統治の相関物であり、権力の行使に対して触知不可能な要素として機能するものであった。だが、新自由主義による再概念化を経て、ホモ・エコノミクスはむしろ「すぐれて統治しやすい者」として現れる。この変化は、経済分析の対象（としてのホモ・エコノミクスの営為）を経済の外部にまで拡大し、一般化しようとする試みを介して生じてきたとフーコーは論じる。そこではまず、新古典派による「二者択一的目的への希少資源の最適な割り当てを含意するようなあらゆる行い」という定義から出発し、「ある特定の目的のために制限された手段を戦略的に使用する行いのすべて」という一般化を経て、最終的には「あらゆる合理的な行動（様式）」が経済分析の対象となりうる、という結論に至る。その行いに形式的な合理性を見いだせる限りにおいて、あらゆる主体は経済分析の対象＝ホモ・エコノミクスとして把握される。そして、こうした主体のふるまいを管理することは決して難しくない。ホモ・エコノミクスは、利害関心という自らの選択原理に従って合理的に（自らの利益を最大化し儲《もう》けと損失の関係を最適化しようと）行動する。より一般的には「（行為の）環境のなかに人為的に導入される体系的な変容に対して体系的に反応する」。したがって、ホモ・エコノミクスとして把握された被統治者自身がもつ合理性に基づいて統治を規則づけること、より一般的には「環境にはたらきかけて環境の可変項を体系的に変容させる」統治の技法を通じて、人々のふるまいが管理可能なものとなっていく。[11]

　たとえば犯罪という領域においても、いまや犯罪者の内面（の悪意や思想、社会からの抑圧）に直接介入する必要はない。犯罪を行うものは、経済的主体と同じく法律によって処罰される（＝損失を被る）リスクを冒しながら自らの利益を合理的に追求する主体であるとみなされる。そうであるなら、行為の環境を構成する法（による処罰の度合い）や空間的構成（監視カメラ網など）や凶器の入手経路などを変容させることによって、彼らの行為を一定程度操作することが可能になる。このように、経済活動だけでなく人々の実践一般が、異なる利害関心をもつ諸主体がプレイヤーとして参加するある種のゲームとみなされ、プレイヤーのメンタリティを変容させるのではなくゲームの規則や環境を調整することで、個々のゲームのプロセスが全体として管理される。このとき、諸主体の内部に介入することは、彼ら固有の合理的行動様式に偶発的因子を混入させ全体の計算可能性を低下させることになるため、できるだけ回避すべき行いとなる。

生政治学的統治の一般的枠組みとしての（新）自由主義が構想してきたのは、身体を拠点にして諸主体を内的に従属化していく規律訓育型権力とはまったく異なるタイプの統治術である。それは、個々人の内面に介入せず、彼ら自身が合理的・体系的な行動様式を形成することを促進し、顕在化した彼ら固有の合理性を把握しつつゲームの規則や環境を調整することで人々のふるまいを制御する環境管理型の統治の技法である。

現代を生きる私たちは通常まさに行為選択の審級は自分自身のうちにあるべきであり、それが譲渡可能（誰かが私の行為の選択権をもつ）であったり、還元可能（自己を超える何らかの審級に基づき行為が選択される）であったりしてはならないと考えるし、こうした考え方は自分自身の自発的なものだとさえ感じる。だが、フーコーの議論はこうした発想が比較的最近に登場した主体概念に基づいており、自由主義的な統治権力と相関しながら生じてきた歴史的要素にすぎないことを示している。

生政治学的な統治の技法においては、個々人の内面を微細に監視したうえで秩序維持にとって不都合な要素を抑制し排除することが目指されるわけではない。むしろ、個々人が何を望み／何を望まないのかが最大限尊重されると同時に、彼／彼女らの行為をとりまく環境を調整することで特定の秩序を維持・形成することが目指される。

SNSにおける相互モニタリングもまた、こうした統治技法をより徹底的かつ柔軟なものにする媒体として捉えることができる。つまり、個々のプレイヤーが何を望み／何を望まないのかが常時モニタリングされ、その多様な動きに沿ってプレイヤー自身がプレイの規則や環境を柔軟に変形させていくことを通じて、一定の秩序が形成されていく。個々人の内面への強制的介入ではなく内面の徹底的な尊重を前提にして個々人の行為を調整し制御することを目指す新しい監視のあり方、それが近年「モニタリング」という名前で呼ばれるようになった営為なのである。

ただし、相互モニタリングを通じて人々を統治する「権力」なるものを、特定の組織や人物が行使しているわけではない。フーコーは権力を、「特定の誰かが自らの意図に基づいて他者を操る力」といった一般的なイメージとは著しく異なる形で捉えていた。権力とは、特定の個人や集団が占有し特定の個人や集団に向かって行使するものではなく、「一つの点から他の点への関係のあるところならどこにでも発生」する。[12] 個人が個人として構成され、主体が主体として現れる無数の具体的な局面を起点にして、権力の働きは生みだされ伝わっていく。つまり、権力を駆動しているのはある程度まで私たち自身に他ならない。この点を指してフーコーは次のように表現する。「『私たち誰もの頭の中にはファシズムがあるのだ』、あるいはより根本的に、『私たちは皆、自分たちの身体の中に権力をもっているのだ』と言うこともできます[13]」。

再帰的自己

フーコーの議論において示される「行為選択の審級は自分自身のうちにある」という設定は、あくまで政治経済学的な「利害関心」概念の一般化から導出される理念であり、それだけでは現実的なものとはならない。これは「自分で自分の行為を決定できないような人も世界にはたくさんいる」ということではない。日常的に我々が何らかの行為をしているとき、それを本当に自分で選択しているのかどうかよくわからず、そもそも自分の「利害関心」とは何なのかが不明瞭であるという事態は多々ある、ということだ。つまり、「行為選択の審級としての自己」という設定を(市場以外でも)一般的に実現するためには、まずもって行為選択の審級として自己を自ら形成していくように各人が絶えず努力する必要がある。こうした事態を的確に表しているのが、アンソニー・ギデンズの「再帰的プロジェクトとしての自己」(以下「再帰的自己」と表記)をめぐる議論である。[14]

フーコーとギデンズの議論は、扱う対象や分析語彙こそ一部重なるが、論述のスタンスが著しく異なる。おそらく最大の違いは、前者が「『人間』の消滅を受け入れながら政治や倫理を語ろうという」パラドキシカルな姿勢を読者に要請するのに対して[15]、後者は意思決定の主体としての人間という近代的理念を前提としつつその現代的変容を語る点にある。しかし、だからこそ、フーコーほど「人間の消滅」を受け入れているわけでもない私たちの「頭と身体の中にある権力」の言い分を整理するためにギデンズの議論は有効である。

諸個人が、自らの行為に関する情報を、その行為の根拠について常に検討し直し評価し直すための手段として活用すること。これが「再帰的自己」の基本的なあり方である。それは訓練された自己観察の技術として現れる。自らをよりよく知ること。自らに対して真に誠実であること。借り物の言葉ではなく自分の言葉で語ること。しかし、それは固定的な像としての自己をより明晰《めいせき》に理解することではない。なぜなら「私たちは私たちが現にそれであるものではなく、私たちが私たち自身から作りあげているもの」とされるからだ。[16] 日常のあらゆる些細な行為（何を着るか、何を食べるか、誰と会うか）が観察と選択の対象となり、「自分がどんな人間になるのか」を決断する機会となる。「対象（自己）に対する（自らの）観察や言及が対象（自己）自体に影響を及ぼす」という再帰的な過程を通じて自己が意味づけられ構成されていく。結果、あらゆる行為の前提が意識化・対象化され、そのような前提を受け入れることが本当に自分のなりたい自分になることなのかが絶えず検討される。そこでは常に「にせの自己から真の自己を解放すること」が要請される。[17] こうして、我々は自らの「利害関心（私の欲すること、私のやりたいこと）」が何であるのかを日々更新していき、「行為選択の審級としての自己」を自ら作りだしていく。

だが、こうした設定が可能になるためには、行為選択を成立させる条件のうちに、主体が操作できない主体自身の性質が含まれていてはならない。たとえば、特定の人物の子として生まれたことによってある企業で働くという行為を選択できないということになれば、行為選択の審級は自分自身のうちにあるのではなく、これらの性質を規定するもの、この場合は出自に移ってしまうからだ。したがって、再帰的自己が成立するためには、①行為の成立条件が主体自身の性質から切り離され、②主体の性質が主体自身によって操作可能なものとなる、という二重の運動が要請されることになる。

この二つの要請に応えるものとして、ギデンズが再帰的自己と相補的なものと位置づける「抽象的システム（abstract system）」を考えることができる。彼は現代世界（「後期モダニティ」と位置づけられる）の中心的特徴を、ローカルな環境から社会関係が剝離《はくり》していく「脱埋め込み」化の運動にみる。脱埋め込み化を担うのが抽象的システムであり、それは「象徴的通票」と「専門家システム」という二つのタイプのメカニズムから構成される。象徴的通票とは、「いずれの場合でもそれを手にする個人や集団の特性に関わりなく『流通』できる相互交換の媒体」であり、代表例は貨幣である。専門家システムとは、「我々が今日暮らしている物質的、社会的環境の広大な領域を体系づける、科学技術上の成果や職業上の専門家知識の体系」である。それは「システムの実行者およびクライアントとは独立に有効性をもつ」ものであり、科学者、エンジニア、医者、法律家、セラピストなどが中心的な位置を占める。[18]

ギデンズが明確に論じているわけではないが、この二つのメカニズムは、行為の成立条件を形式化し、原理的には誰にでもアクセス可能なものとすることに第一の特徴がある。ここで言う「形式化」とは、対象となる領域を、コンテクストを欠いた標準的な諸要素間の関係を一般的な原理（規則、法則）に基づいて定式化するというやり方によって把握したうえで、特定の前提から特定の帰結が自動的に導出されるように組織することである。資本主義市場では、商品を購入するためには値段に相当する量の貨幣を払えばよく、購入者がどんな人物であるかは売買の成立過程に直接関与しない。つまり、「商品Xの値段＝購入者Yの支払う金額」という前提から「YはXを購入する」という帰結が自動的に導出される。あるいは車を運転するという日常的な行為において、私たちは自動車の内部メカニズムについてエンジニア並みの知識をもつことはほとんどない。だが、特定の操作から特定の挙動が機械的に導き出される過程を理解し制御できる限り、どんな人間でも自動車を運転することができる。形式的な合理化を通じてさまざまな行為の成立条件が主体自身の性質から切り離され、誰にでも当てはまる標準的な条件となることによって、個人はより多くのさまざまな行為を選択できるようになる。

形式化は「自己」自体にも及び、主体が自らの性質をより円滑に操作することを可能にする。これが抽象的システムの第二の特徴となる。とりわけ重要な役割を果たすのが、身体の管理に関わる専門家システム（医者、栄養士、スポーツ・インストラクターやダイエット支援キットなどが提供する情報やサービス）である。たとえば、健康管理のためのガイドとして医師が出版したある本では、健康状態や生活習慣や病歴についての質問事項に答えていくことで、読者は自分の推定寿命を知り、特定の病気にかかる危険性を知ることができる。[19] ここでは、個々人の身体および生命活動一般が、コンテクストを欠いた諸要素（血糖値やカロリーなど健康に関わる各種の指標）とそれらの要素を関係づける一般的原理（健康に関わる各種の法則や統計的なパターン）によって定式化された標準的な基準に従って測定されることで、特定の前提（健康に関わる現在までの諸状況）から特定の帰結（推定寿命、病気のリスク）が自動的に導かれるというかたちで組織される。こうした形式化を通じて読者の生は理解可能で操作可能な対象として現れ、彼らは推定寿命をより長くし、病気のリスクをより少なくするために、自らの身体的機能を理解し注意深くモニタリングしながらケアし続けるよう誘われる。

ここで生じているのは、主体が抽象的システムを通じて自らの生を形式化することで、形式化された自分自身を操作し運営する主体となっていくという事態である。このとき「自己」なるものは、誰にでも当てはまる一般的な形式によって分節化された機械的な自己と、自らに固有の利害関心や意思に基づく人間的な自己に二重化し、後者が前者を操るという形で編成される。こうした事態は身体の管理だけに限定されるものではない。たとえば、近年では、標準化された説明責任の様式が日常生活に広く浸透してきている。「オーディット文化（Audit Culture）」の勃興と呼ばれるこうした動きにおいては、会社員や患者から株主や住民まで個人と組織を問わずさまざまな行為者が自らの行為の詳細（目的・リスク・成功の見通し・妥当性・自己の能力など）を、種々の様式（自己評価書、報告書、計画書、診断書、申立書など）に従って説明することが求められる。[20] これらの様式を通じて、個々人は「自分で自分を監視し、客観的な基準によって自己を診断して、他者へと開示する」ことになる。[21] 自らがどんな人物になりたいのか。そのためにどんな努力が必要か。なりたい自己への接近の度合いを測る目安は何か。これらの質問に答える――まさに『何者』のプロフィール文に見られるような――コトバを日々制作することにより、人々は自らの生を形式化して他者一般へと開示するとともに、形式化を通じて明示的になった自己の性質や意図に基づいて自らの生を遂行することの責任を負う。

以上でみてきたように、ギデンズのいう「再帰的プロジェクトとしての自己」とは、抽象的システムを介して主体の行為や性質が形式化されることによって成立する「自己」の有り様であると考えられる。こうした描像は、前述したフーコーの議論とも整合的だろう。抽象的システムを通じた生の形式化は、諸主体を「行為選択の審級」たらしめる代わりに、自らの行動様式を客観的な基準によって合理化し他者へと開示することを絶えず促すことで「被統治者自身の合理性に基づく」環境管理型の統治性を可能にする。ただし、フーコーのいう「一般化されたホモ・エコノミクス」がおのずから合理的な行動様式をもつと想定された理念的な存在であるのに対して、「再帰的自己」は抽象的システムと接続しながら自らの行為や性質を絶えず形式化し合理的なものへと変えていく実践を通じてはじめて現れる。そこにおいて個々人は、形式化に従うことで統治性の操作下に入ると同時に、形式化された自己を操作するという形の自由を得る。ただし、この二つの操作は別々に進行するわけではない。そこでは、「(再帰性を通じて)私が私を操る」ことと「(環境管理型システムによって)誰かが私を操る」ことが明確に区別できない形で行為が促される「操行(コンデュイット)」[22]の局面が全面化する。

前述したように再帰的自己は「誰にでも当てはまる一般的な形式によって分節化された機械的な自己」と、「自らに固有の利害関心や意思に基づく人間的な自己」に二重化され、後者が前者を操るという形で編成される。だが両者の間には一定のギャップが存在する。抽象的システムによって形式的に把握される自己の有り様は、どんな他者にも代替可能な存在である。たとえば医療という専門家システムにおいて、個々の患者は他の患者にも当てはめられる病名やパラメータによって把握される。一方、形式化された自己を操作する人間的な自己は固有の関心や意思をもった代替不可能な存在とされる。健康診断の数値や年収(貨幣という象徴的通票の見込み所持数)によって自らを十分に表現するのは難しい。専門家システムによって捉えられた代替可能な自己のあり方は、代替不可能な「この私」とは離れたところに存在している。

両者のギャップを埋めるには、さまざまな人間的記号を用いた語り口、「私の人生」の物語が用いられることになる。ある人の年収の高さが経済的な裕福さだけでなく、彼/彼女の能力や人格や経験を含むより広い文脈のなかで語られるように。これに対して、現代の相互モニタリング下で進められる自己発信は、こうしたギャップを埋める営為にも形式化を導入する営為として捉えることができる。前章で検討した『何者』冒頭のTwitter・プロフィールを再び取りあげてみよう。

RICA KOBAYAKAWA　@rika_0927
高校時代にユタに留学／この夏までマイアミに留学／言語学／国際協力／海外インターン／バックパッカー／国際教育ボランティア／世界の子どもたちの教室プロジェクト参加／【美☆レディ大学】企画運営／御山祭実行委員広報班班長／建築／デザイン／現代美術／写真／カフェ巡り／世界を舞台に働きたい／夢は見るものではなく、叶えるもの

理香のプロフィール文は、「留学」や「建築」や「言語学」といった一般的な語彙から、「御山祭」や「美☆レディ大学」といったより局所的な用語、「夢は叶えるもの」といった個人的な（とはいえステレオタイプな）語り口にまで及んでいる。前述した「オーディット文化」において、個々人は自己評価書、報告書、計画書といった様式に従って「自分で自分を監視し、客観的な基準によって自己を診断して、他者へと開示する」ことになる。だが、Twitterが要請する様式はそれらの文書に比べて遥かに緩い。制限字数の範囲内であれば、どんなプロフィール文もツイートも作成できる。そこで志向されるのは、あらかじめ与えられた特定の基準に沿って自己を開示することではなく、できるだけ多くの他者が興味をもつだろう基準を網羅的に自己に当てはめることによって、自らの発したもの

を他者に受信してもらうことである。

前述したように、見られるということは何らかの信号を受信されることであり、他者に受信される信号が意図的に発信したものであるか／そうでないかが常に明確であれば、発信と監視は区別できる。だが、他者に受信されたい信号の種類や特徴をあらかじめ完全に固定することは、常に流動的に変化していく再帰的自己のあり方に反する。再帰的自己は「私たちが現にそれであるものではなく、私たちが私たち自身から作りあげているもの」だからだ。だが、自ら作りあげていく自己を構成すべき要素が「私たちが現にそれであるもの」のうちに存在しないのであれば、それらはむしろ不特定の他者が評価するもののうちに探し求められることになる。なりたい自分が現にそうである自分を常に超えなければならないにもかかわらず、そのために活用できる武器は他者のうちに探し求めるしかない。だからこそ『何者』の理香は、自らを「ダサくて、カッコ悪くて、醜い」と言う。

こうして再帰的自己は、受信される信号の意図的なコントロールを緩め、誰かが受信してくれるかもしれない信号を日々垂れ流すことになる。再帰的に自己を作り出していく能動性は、そのネタを他者に依存せざるを得ない受動性を伴う。自らが発信したいことを発信するのではなく、他者が受信してくれるかもしれないことを発信することによってしか充実しない自己のあり方。〇・五人称の発話に対する他者の応答によってはじめて一人称の「私」が現れる。そこにおいて、自らメッセージを発信することと他者が自己を監視することは限りなく接近し、個々人を抑圧する監視は、個々人の自己を活性化させる相互モニタリングへと変容するのである。

この点において、記号の離床はギデンズのいう「脱埋め込み」の一例に留まらない効果をもつ。つまり、自己と抽象的システムの間にあるギャップを埋め、両者の関係を解釈し意味づけていく人間的な記号の用いられ方自体がデジタルな数列という標準的な媒体を通じて形式化されているのだ。確かに再帰的自己もまた、抽象的システムによるモニタリングによって抽出される機械的な自己とそれをモニタリングし操作する人間的な自己によって構成されるという点では、二重のモニタリングを含んでいる。だが、抽象的システムによるモニタリングは、誰にでも当てはまる一般的な基準によって個人を捉えるものであり、そのようにして捉えられた個人は非人称の機械的な存在にすぎない。健康診断の結果は医者から「この私」に伝えられたメッセージではなく、「この私」が評価し制御すべき機械的な自己の観測結果として受け取られる。これに対して、SNSにおける他者のモニタリングは主観的な評価を伴う点では人称的であり、評価の発信が常に機械的な情報処理が可能な形式に沿っていなければならないという点では非人称的である。誰かの投稿に対して「いいね！」ボタンを押すことは、「私はそれがいいと思います」という一人称発話であると同時に、機械的に処理されうる非人称の「誰か」による評価でもある。つまり、SNSにおいては、発信に対する他者の評価もまた〇・五人称発話としてなされるのであり、その結果、抽象的システムによる非人称のモニタリングとそれを制御する人間的な自己という階層関係は維持できなくなる。他者によってモニタリングされた自己を評価する基準は自己によって占有できないものとなり、評価の基準は三人称の「誰か／何か」へと常に流出することになる。

形式的に把握される機械的な自己ではなくそれを観察・制御する人間的な自己が他者によってモニタリングされることは、個々人の内面（主義、主張、思想）への介入を伴う監視として受け取られる。

だが、人間的な自己自体が〇・五人称のコミュニケーションを通じて構成されるようになれば、人間的な自己による発信はそれを他者に監視されることを不可避的に伴うものとなる。こうして、「監視」にネガティブな含意を込めることは難しくなる。徹底した監視社会が、個々人の自由な意思を最大限尊重することを謳《うた》う相互モニタリング社会へとすり替わるのである。とはいえ、理香のように、不特定の他者が評価するだろう基準を手当たり次第に自己へ適用していく自己のあり方をそのまま肯定できる人は少ないだろう。拓人の裏アカウントでの発言のように他者のモニタリングから逃れる「本当の私」を追い求め、しかしそれもまた他者のモニタリングによって評価されなければ肯定できないという矛盾した状況のほうがより一般的だと思われる。だからこそ『何者』終盤の理香の叫びは、読者に対して容易に回避できない袋小路《ふくろこうじ》を突きつけている。

中国語の部屋

自己が絶えず形式的で標準的な媒体によって把握されながらも、そこから逃れだす「本当の私」が無限に後退していくという二重の運動は、人工知能をめぐる議論のなかにも見いだされる。

二〇世紀後半にコンピュータによる情報の形式的操作によって人間的な知性を実現しようとした人工知能研究の主流派の発想、現在では「古典的計算主義」と呼ばれる考え方に対して鋭い批判を投げつけたのが、哲学者ジョン・サールによる以下の思考実験である。[23]

サールは言う。密閉された小部屋に中国語がまったく理解できない私が閉じ込められているとしよう。私は壁に開いた穴を通じて中国語の漢字カードを部屋の外にいる人間とやりとりする。部屋には、簡単な言葉が記された沢山の漢字カードが入った複数の箱、どの箱のどの漢字カード同士をどう組み合わせれば列にすることができるかという規則が書かれた英語のマニュアル（①）、部屋の外から渡された漢字カード列に対してどうカード列を渡し返せばよいかについての規則が書かれた英語のマニュアル（②）がある。まず私は、外から渡された漢字カード列を受け取る。私は、ミミズがのたくったようにしかみえないその模様をパターンとして捉えたうえでマニュアル②と照合し、返すべきカード列の模様を確認した後で、マニュアル①を頼りにそれぞれの箱からカードを取り出して対応するカード列を作り、外の人間に渡す。私はあずかり知らぬことだが、外から渡されるカード列は中国語の質問で、外へと渡すカード列はその質問への回答になっている。私はやがてこの作業に熟練して、そのやりとりは外部の人間からみれば中国語を母語とする人間がその部屋にいるとしか思えないほど流暢《りゅうちょう》なものとなる（サールの例を若干簡略化した）。

サールによれば、計算主義的なプログラムを内蔵した人工知能は、この「中国語の部屋」と同じものでしかない。それはコンテクストを欠いた記号（漢字カード）を一般的な規則（マニュアル）に従って操作するものなのだから。「中国語の部屋」は外からみれば的確な質疑応答ができるが、にもかかわらず中にいるサールは自分が操る漢字カードの意味をまったく理解していない。同様に、コンピュータは単に決められた規則に従って記号を操作できるだけで、その意味を理解することはない。コンピュータには統語論（単純な記号を合成・変形して複雑な記号を作り出す論理）はあるが、意味論（特定の記号によって世界内の特定の事物や出来事を表す論理）がない。人工知能が記号の意味を理解するようにみえたとしても、それは設計者や観察者の解釈が投影されているだけである。記号と世界の意味論的結合は、志向性をもつ人間の心的過程にのみ認められるものであり、志向性を欠く記号の形式的な操作にいくら熟練しようともコンピュータは意味を理解することはない。

以上でみてきたサールの議論は一見強力にみえるが、ある前提を隠しもつことではじめて有効なものとなっている。考えてみよう。部屋の中にいるサールが「中国語をまったく理解できない」ということがこの思考実験の肝になっている。だが、それが事実だといかにして確定できるのか。彼が中国語を理解できるか否かを確定できないのならこの実験は端的に無意味なものとなるから、事は重大である。通常なら我々は中国語の発言に対してサールが的確に中国語で答えられるかどうかでそれを判断する。だがこの方法は使用できない。なぜなら、サールは中国語を理解できないふりをしているだけかもしれないし、そして、質問に対して的確に答えるか否かに基づいて理解の有無が確定できるのであれば「中国語の部屋」＝コンピュータは中国語を理解していることになってしまうから。したがって、この事例でサールが中国語を理解していないことの根拠は、彼が「私は中国語をまったく理解できない」と言明し、それが読者に対しても自分自身に対しても嘘ではないことにのみある。「私は特定の記号の意味を理解することができるし、私が意味を理解しているかどうかを自分で判断できる」という前提がサールの議論を支えている。そして、サールがこうした「意味理解の審級としての私」であるのに対して、コンピュータはそうではないことも前提とされている。つまり、コンピュータが「私は中国語を理解できる」という文字列をモニターに吐きだしても、我々はそれを人間であるサールの発言と同様には受け入れない。もしそれが受け入れられるのなら、コンピュータはただ「私は中国語を理解できる」という文を送りだせばサールを論破できてしまう。こうした諸前提がなければサールの思考実験は成立せず、これらの前提は要するに「人間は意味理解の審級たりうるが、コンピュータはそうではない」という命題へと集約される。そして、この命題はサールの結論(「コンピュータは意味を理解できない」)をあらかじめ含んでいる。

サールはここで、デカルトによる動物の機械化と同質の操作によって知性の階梯《かいてい》を駆け上がる人工知能を単なる機械へと引きずり落としている。つまり、諸存在を「機械的な因果連関に従うもの」と「それに意味(形相)を与えるもの」に分割し、コンピュータを前者に、人間を後者に振り分け、規則に従う形式的な記号操作とそこに意味を見いだす「人間＝私」を対置させることで知能機械が真に「心」をもつ可能性を棄却する。こうした論法は前述した命題が一般に受け入れられているため、いまだ広範な有効性を保持している。

形式化から逃れる「私」を根拠として心の形式化の原理的不可能性を主張するサールのような見解は、だが、心の機能の部分的な形式化を否定するものではない。たとえば「意識をもつロボットを作ることは可能か」と問う野家伸也《のえしんや》は、この問いを「意識を形式化することは可能か」という問いに置き換えたうえで「否」と答える。野家によれば、意識とは顕在的な知覚作用と潜在的・内的な知覚作用が合体してはじめて現れる心的状態である。たとえば、我々人間が現前の机を見ている(＝顕在的知覚作用)ときには、自分が机を見ていることに気づいている(＝内的知覚作用)。心の働きのうち「認知」と総称される機能(知覚、記憶、思考、問題解決、運動制御等)はコンピュータによって実現されうるが、その働きは顕在的な知覚作用のみからなる。したがって意識を形式化しモデル化して計算機械で実現しようとするなら、「顕在的、主題的な心的作用ばかりでなく、それを対象とする潜在的、非主題的な知覚作用も同時にモデル化しなければならない」。だがそれは不可能である。なぜなら、「モデル化された潜在的、非主題的な知覚作用は、モデル化されたことによって、もはや潜在的、非主題的なものではなくなるからである」[24]。

機械-人間のイマージュ

意味理解の審級、志向性の源泉、内的知覚の準拠点として「人間＝私」を位置づけるサールや野家の見地を敷衍《ふえん》すれば、心の形式化は原理的には不可能であるが部分的には常に可能である。むしろ心はどこまでも形式化＝機械化できる。どれだけ形式化されたとしても、そこから逃れる内的知覚作用の拠点＝「私」が常に想定できるのだから。形式化され客観化された「私」は私そのものではなく、形式化から逃れる「私」こそ、自己と世界に意味を与える固有の存在である。こうした発想は、抽象的システムを通じた再帰的自己の絶えざる形式化の可能性を担保し、促進する要因となる。自らの身体や思考や感情が抽象的システムを通じて形式化＝機械化され、理解／操作可能なものとなる際には、「形式化されえない『私』」が「形式化された私」を十全に制御できることが想定されている。だが、ダイエットを試みると「お菓子を食べてしまう私」が現れるように、両者の関係には絶えず機能不全・バグが生じる。それは自己自体を不明瞭なものとし、再度の形式化を促す。この過程には原理的には終わりがない。「私」は、形式化による客観的把握を常に逃れ去る固有性をもつのだから。こうして自己の形式化は、「本当の自分」の無限後退を喚起しながら、自己なるものの意味を絶えず空虚なものにしていく。

私は人間である。私は動物＝機械ではない。そう言うからこそ我々はどこまでも機械化される。もはや「人間」であることが何のことなのかさえわからなくなるまでに。人間が機械の視点から自らを捉えていく機械のカニバリズムにおいて、広範な説得力をもってきたのは、こうした矛盾を伴う自己規定である。「私たちは機械である」という命題と「私たちは機械ではない」という命題が共存しながら、一つの倒錯した希望へと集約される。こうした思考の筋道を、筆者は「機械－人間のイマージュ」と呼んできた。それは以下のような筋道を辿る。①私たちは機械であるから、我々は知能機械（ロボット・ＡＩ）に置き換えられる。同時に、②私たちは機械ではないから、知能機械に置き換えられない余剰としての「私」が残る。したがって、③知能機械を制作し、操作できるようになれば、私たちは自分自身を完全に理解し・真に操ることができるようになり、我々自身が動物＝機械であることに由来する受動性から完全に解放される。

前章で検討したＣＭＣの軌跡が示しているのは、こうした「機械－人間のイマージュ」が人間と知能機械の相互作用において活性化されながら、その臨界点に辿りつく道筋である。再帰的な自己の編成において、自らを客観的な基準に沿って形式化し、そこから逃れる要素さえもデジタルな記号によって表現できるようになったとき、私たちの自己は機械的に処理されうる限りにおいて他者が理解しうる要素を手当たり次第に自己へ適用していくあり方へと変質する。「本当の私」を追い求める限りにおいて、機械的に処理しうる形式化された領域が増大していく。私たちは機械ではない、決して完全には形式化されない自己をもつのだ。そう呟きながら、私たちは日々せっせと機械に自らの情報を喰らわせている。

計算機科学、とりわけ人工知能研究は、人間の知性的な働きは機械による情報処理によって原理的に再現できるという発想を前提として進められてきた。だが、人間と機械の同一視に基づく情報処理技術を滑らかに受容させてきたのは、両者の類比性を否定する発想でもある。二〇世紀初頭、「ロボット」という言葉を生みだしたカレル・チャペックの戯曲『R.U.R.』において、ロボットを生産するロッスムのユニバーサル・ロボット社の社長ドミンは「何もかも生きた機械がやってくれます。人間は好きなことだけをするのです。自分を完成させるためにのみ生きるのです」という。[25] 一九六〇年代から本格化する産業ロボットの先駆けとなるユニメートを開発したジョセフ・エンゲルバーガーは著作『応用ロボット工学』の冒頭で次のように語っている。「下品で、退屈な、決まりきった繰返しの、危険な、そして、その一方で楽しくないすべての仕事をロボットがやってくれるという産業界を想像するのは楽しいことである」。[26] 二〇一〇年代後半におけるシンギュラリティをめぐる語り口においても、人間的知性を超える機械の普及によってむしろ人間にしかできないことに専念できるという希望が語られている。いずれの語り口も、人間の営為は機械によって代替されると同時に代替されないという矛盾した二つの前提によって支えられている。「何もかも生きた機械がやってくれ」るのに、なぜか「好きなことだけ」は人間に残されている。「人間＝機械」（翻訳）と「人間≠機械」（純化）という二枚舌によって駆動される機械のカニバリズム。だが、私たちの「現在のなかの未来」は、必ずしもその枠内にのみあるわけではない。次章では、「機械－人間のイマージュ」とは異なる形で私たちと機械の関係を捉える可能性について検討しよう。そこで示されるのは、むしろ、人間を機械と同一視する計算機科学の発想を徹底することで、機械のカニバリズムが変調していく道筋である。

第八章 生きている機械

可塑的な比較

本書のここまでの議論には、知的な能力をもつ機械に対するさまざまな呼び名が登場している。「人工知能（ＡＩ）」、「コンピュータ」、「将棋ソフト」、「スマートフォン」、「ロボット」。それぞれ異なった技術的要素によって構成される人工物であるから、本書のように連続的に扱うのは奇妙に思われるかもしれない。だが、将棋ソフトが棋士を凌駕する実力をもつに至って「人工知能が棋士を破る」といわれるようになり、スマートフォンのＯＳに「Android」という名が付けられるように、これらの呼称は極めて流動的に用いられている。ＡＩにさまざまな物理的デバイスを付けたものがロボットだということもできるし、ロボットの行動を制御する機構に焦点を当てれば、それをＡＩと呼ぶこともできる。

そもそも、機械の構成という側面から考えれば、「ＡＩ」や「ロボット」と呼ばれているものは、すべて単なるソフトウェア／ハードウェアである。それがわざわざ「ＡＩ」や「ロボット」と呼ばれるのは、人間との比較においてそれらが認識され制作される限りにおいてである。つまり、人間が自らと機械を比較する限りにおいて、機械は「ＡＩ」や「ロボット」になる。そこにおいて、人間は比較するものであると同時に比較されるものであり、比較対象となる事物の外部から比較する主体がそれらを眺めるという通常の外在的な比較のあり方は維持できなくなる。さらに、機械は自然物を人間が加工することで構成されるものであり、その形態や性質はあらかじめ定まっていない。また、実際にどのような機械が開発され普及していくかによって、人間のあり方も変わっていく。

第一章で論じたように、生命を機械として捉えることによって人間を「自然の主人にして所有者」

たる位置へと押し上げたデカルトの動物＝機械説において、比較するもの（人間）は比較されるもの（生物、機械）に内在しているが、比較を通じてその内在性が捨象され、機械と生物を客観的に比較できる人間（＝自然の主人にして所有者）が確立される。「動物＝機械ではないもの」として普遍的な「私たち＝人間」が抽出されるのだ。だが、こうした概念操作の代償として、人間との関わりにおいて融通無碍《ゆうずうむげ》に変化する機械が人間なるものへと無限に接近していく可能性を否定できなくなる。非近代社会においてはジャガーのような動物が人々との類比性（たがいに捕食する／される）において捉えられる。これに対して、近代社会は他の動物との内在的な比較から切り離された、動物の一部でありながら動物の上位に立つ「人間なるもの」を確立することに一定程度成功したと同時に、その代償として、機械との内在的な比較のなかで自らを捉える機械のカニバリズムにはまり込むことになったのである。だが、機械との類比性は「私たち＝人間」の唯一性を脅かすものであり、だからこそ、オートマトンやアンドロイドやロボットといった機械人間に関するさまざまな語り口は、人々の希望や恐怖が込められた文化的表象として扱われてきた。機械人間たちは、「人間なるもの」の帰趨を決する政治や経済や戦争といったシリアスなテーマとは遠く離れたフィクショナルな存在として周辺的な位置へと隠されてきたのである。だが、現在のＡＩブームにおいて、こうした周辺性は維持しきれないものになりつつある。まさに、第一章冒頭で言及したホーキングらの記事において、ＡＩという最新の機械人間の誕生が、政治や経済や戦争との関わりにおいて「人類史における最大にして最後の出来事」となることが危惧されているように。

　機械と人間をめぐる比較の根源的な流動性に関して、近代哲学における機械概念の変遷について論じた船木亨《ふなきとおる》は次のように述べている。

ひとびとは、適当な時代の機械を代表にしつつ、機械に対する自分のふるまいを標準にしながら、機械が何であるかを決めようとしました。また、その考えに応じて自分のふるまいを分析し、さらに機械を捉えなおそうとします。その結果として「人間は機械である」といい、あるいは「人間は機械ではない」と断言するのですが、そこからいえることは、機械と人間の関係を認識しようとする際に、ひとはそうした循環的で実践的な状況から逃れられない、したがってどこまでいっても客観的になることはできないということなのです。[1]

機械と人間の関係における「循環的で実践的な状況」において、人間は比較の主体でありながら比較の対象でもあるという二重性を帯びる。こうした内在的な比較を通じて、機械の視点から自らを捉える機械のカニバリズムが現れる。それは、ヴィヴェイロス・デ・カストロが論じるトゥピナンバと捕虜となった敵との関係、あるいは、コーンが描きだすルナの人々とジャガーの捕食する／される関係と同じく、他者の視点から自らを捉え、自らを他者としてつくりあげていく営為である。こうした比較のあり方を、筆者は、哲学者カトリーヌ・マラブーがヘーゲル研究や神経学に関する研究を通じて練り上げてきた可塑性概念を参照しながら、「可塑的な比較」と呼んできた。[2] 可塑性（plasticity, *Plastizität, plasticité*）という概念には、「特定の姿かたちを与える」能力（ex.「造形芸術＝plastic art」）と「異なる姿かたちを受け取る」能力（ex.「この粘土は可塑的である」）という意味が同時に含まれている。可塑的な比較は、比較を通じて比較の対象が形作られていくと同時に、比較をする主体自体もまた形作られていくプロセスによって構成される。

人類学という学問もまた、可塑的な比較に依拠している。「人類」の一部である近代社会の学問的素養を身につけた人類学者が、同じく「人類」の一部である非近代的な地域の人々（「彼ら」）と生活をともにしながら参与観察を行ったうえで、彼らの文化や社会を自らが育った近代社会の読者／聴衆（「私たち」）に理解できる仕方で説明する。その説明には、単なる状況の記述であっても「私たち」と「彼ら」の比較が暗黙のうちに入り込んでいる。「（私たちは○○であるのに対して）彼らは××である」という記述を生みだす過程において、私たち＝近代人（人類学者＆読者）は、比較の主体であると同時に比較の対象でもある。比較に対する通常の理解では、比較される対象は相互に独立しており、比較する主体が対象の外側からそれらを客観的に眺めうることが前提とされる。だが、可塑的な比較においては比較される対象も比較する主体もたがいに影響を与えあいながら常に変容していく。

たとえば、極めて優秀な実績をもつ官僚と一代で大勢力を築き上げた盗賊団の首領の「かしこさ」を比較しなければならないという奇妙な状況にあなたが追い込まれたとしてみよう。

彼らの「かしこさ」は、それぞれに異なる存在者との関係性のなかで形成された異なる基準と密接に結びついており、容易に比較できるものではない。そこであなたはIQテストのような形式化された試験を実施することで両者の「かしこさ」を測ろうとするかもしれない。それは、官僚と首領を種々の存在者（テスト会場、テスト問題、IQという概念、監視員、採点方法、採点者、獲得点数など）と結びつけることで彼らの「かしこさ」を俯瞰できる視点を形成することに他ならない。ネットワークが滑らかに機能し、ＩＱテストが首尾よく実施されれば、比較は安定化し、両者を外側から客観的に比較する「あなた」が現れる。だが一連の手続きが滑らかに遂行されるとは限らない。首領は手下を使ってテスト問題を盗み出し、あるいは監視員の買収や恐喝を試みるかもしれないし、これに対して、官僚はテスト問題の管理方法や監視員の選別方法に介入することで首領にズルをさせないようにするかもしれない。両者の思惑が交差するテスト会場は紛糾し、ＩＱテストは両者の「かしこさ」を比較する適切な装置ではないことが明らかになる。というのも、手下や賄賂や暴力を動員して違法行為を首尾よく行えることが首領の「かしこさ」の一部であり、ルールや人員を調整することで状況に秩序を与えることが行政官の「かしこさ」の一部だからだ。「かしこい官僚」と「かしこい首領」を支える異なる基準が相互に作用することでＩＱテストが構成する比較は不安定化し流動化する。途方に暮れたあなたは、むしろＩＱテストをめぐる闘争自体を適切な比較のモデルと考えて、新たな比較の方法（たとえば模擬絵画盗難事件や模擬誘拐事件）を思いつくかもしれない。一連の過程を経て「かしこさとは何か」に関するあなたの考え方は次第に異なるものとなっていくだろう。比較するものとしてのあなたの視点は、比較されるものとのさまざまな関係を通じて生みだされ変化していくのであり、その外部にあらかじめ存在するわけではない。比較の平面が安定化すれば、あなたは対象に外在的な「比較するもの」として現れうるが、そのためにあなたは、それぞれ異なる基準をもつ「比較されるもの」との関係性に内在し、それらが滑らかに同期するような状況を模索しながら、自分自身の視点を常に変容させていくことになる。

以上の架空の例における比較の有り様は少なからず奇異に思われるかもしれない。だが、こうした状況は人類学者にとってなじみ深いものでもある。異文化における営為を自文化の読者に向けて説明する人類学者は、明示的な比較を行わないときでもさまざまな齟齬をきたす現地と自文化の基準に折り合いをつけることを試み、両者が部分的にではあれ重なり合う平面を模索しながら自らの記述を構成していくからだ。比較される対象も比較する主体も、あらかじめ決められた形をもった固定的な像を結ぶことはなく、比較という実践を通じてさまざまに変容していく。そこにおいて、人間の多様な経験的様態の一部でありながら、それらを俯瞰し比較し基礎づけることのできる「経験的－超越論的二重体」としての人間はもはや維持しえない。比較に外在する主体としての「私たち＝人間」を放棄することによって比較という営為の只中《ただなか》に生じる世界の可変性に目を向けること。それが、本書が提示する「人間なきあとの人類学」の基盤となる発想である。

内在的な比較を通じて浮かび上がる世界の可変性は、船木が論じたような機械と人間をめぐる「循環的で実践的な状況」にも見いだされる。機械と人間のさまざまな関わりを通じて両者はさまざまに変化してきたし、これからもあらかじめ確定できない仕方で変化していくだろう。だが、前章で検討した「機械－人間のイマージュ」には、機械と人間の関係をめぐる比較の内在性を解除する仕掛けがしばしば結びついている。それは、機械をあらかじめ定められた規則に従うものとして捉え、その外部にいるものとして人間を捉えることによって、両者の類比性を一定の範囲に限定する発想である。

規則と逸脱

一般に、機械とはあらかじめ決められた規則に従って動くものだと考えられている。こうした常識的発想においては、規則への従属の有無によって機械と人間が区別される。明示的な規則によって把握し制御できるからこそ、動物＝機械は人間的な「私」の操作下に入る。一方、人間には形式化されない領域、所与の規則によっては制御されない領域があり、その領域においては人間と機械は比較可能ではないということになる。[3]

　こうした常識的見解を鋭く覆したのが、ウィトゲンシュタインの議論をもとにクリプキが提示した以下の懐疑的パラドックスである。[4] 足し算をする「私」の前に懐疑論者が現れる。私はこれまで五七より上の数を足す計算をしたことがないが、はじめて「六八＋五七」という計算を行い、一二五という解を出す。そこに懐疑論者がやってきて、「答えは五かもしれない。なぜなら君はこれまでプラスという関数を用いているつもりで、実はクワスという関数を用いていたのであり、それは『XとYがともに五六以下の数字ならばXクワスY＝XプラスYであり、そうでなければXクワスY＝5である』と定義されるものかもしれないからだ。君はこれまで自分が計算するに当たってプラスに従ってきたのかクワスに従ってきたのかを確定することはできない」と言う。この主張は論理的には反駁《はんばく》できない。我々がある規則に従っているとき、その規則にいかに従うかの規則をあらかじめ確定することはできないからだ（無限後退に陥る）。クリプキは予想される反論を二つ挙げて論駁するが、そのうち二つ目がここでの議論に関係する。それは、機械は決められた規則に従って動く、足し算のような規則に従うときには人間もまた機械と同じく勝手な数字を弾きだす自由をもたない、というものだ。

　この反論を二つの理由からクリプキは退ける。第一に、「機械は有限な対象であり、ただ有限個の数のみを入力として受け入れ、ただ有限個の数のみを出力として生み出す」ものであるから、懐疑論者は同じように論理的に反駁できない突飛な主張ができる。第二に、現実の機械には常に誤作動の可能性があるから、機械がいつでも「六八＋五七＝一二五」と叩《たた》き出すとは断言できない。「誤作動しない機械のことを私は言っているのだ」と反論しても無駄である。というのも「どんな現象も、機械の『誤作動』とされたり、されなかったり、するのである。ある特殊な意図を有するプログラム作成者は、針金が溶けたり、歯車が滑ったりするという事実をも、利用しようとしたかもしれないのであり、その場合には、私にとっては誤作動をする機械も、彼にとっては完全に作動している」[5]。

クリプキの議論から次の二点を敷衍することができる。第一に、機械的（＝形式的）操作といえども有限の範囲内で遂行されるものであり、そこには常に「バグ」が生じる可能性がある。ここで言うバグとは、有限の範囲内でなされる機械的操作とその外部の無限との関係が、当の機械的操作の内部に侵入してそれを変調させる、ということである。第二に、機械的操作のいかなる変調も新たに有効な機械的操作となりうる。クリプキが言うように、あるプログラムを実装した機械が、針金が溶け、歯車が滑るというバグを生みだしたとしても、それが有効な動作となる可能性は常に存在する。

クリプキの挙げる例はあくまで思考実験だが、バグがバグでなくなるという契機は機械と人間が相互作用する具体的な場面においてもしばしば見られるものである。たとえば、かつて筆者が調査したエンターテインメント・ロボット「アイボ」の受容過程においては、開発者の想定から外れたアイボの細かな機能不全を伴う挙動が、購入者（以下「オーナー」と表記）との日常的な関係において有効な動作となるという事態が生じていた[6]。アイボの開発過程においては、「エージェント・アーキテクチャ」と呼ばれる以下のような仕組みによって、その時々で移り変わるロボットの感情を表現することが意図されていた。

センサ入力を喜びや怒り、といった基本情動に対して評価し、適当なダイナミクスをその基本情動に与えて情動モデルを構成し、例えば、喜びが大きな値を持っているときに目の前に手をだされるとお手をするが、怒りが大きな値であればお手を拒否する行動をする、というように同じ刺激に対して異なる行動を取らせることで複雑度を増すことができる。[7]

これは試作機の説明であり、製品版では「お手」という人間の声に反応して「お手」をするようになっている。ある音声が「お手」と同定されるのは設定された「お手」の音声の（誤差を含む一定の）範囲内にその音声が含まれたときである。つまり、「お手」という人間の声に対してお手をするかしないかによって、その時々のアイボの情動を表現することが意図されていた。だが、アイボとオーナーとの日常的な関係において、「お手」への反応はしばしば異なる仕方で捉えられていった。たとえば、アイボを購入したオーナーが実家に帰り、久しぶりに会う家族と話しながらその傍らでアイボが動いているという状況を考えてみよう。そこに父親が帰ってきて、説明を受け気乗りしない様子で「お手」とつぶやく。だが何度やってもアイボは反応せず、他の家族は「お父さん嫌われちゃったね」と笑う。このケースは、開発者の視点から言えば音声認識の失敗であり、些細ではあるが、音声入力をトリガーとする感情表出機能の機能不全である。だが、それはオーナーにとっては「嫌い」という感情の表出として捉えられる。筆者自身が頻繁に経験したことでもあるが、アイボに対する態度が中途半端な人ほど、ロボットの反応ではなく他の人間の目を気にして、身をかがめることもせず不明瞭な声で「お手」と言う、という傾向が生じるとすれば、それに伴ってアイボが音声認識に失敗し多くの場合において反応しないという傾向が生じうる。音声認識の失敗というバグはバグでなくなり、「無視」という新たな行為が現れるのである。だが、それは購入者をはじめとする家族が、些細な機能不全が頻発するアイボの不安定な動作に一喜一憂しながらその動作を自らの感情と結びつけていく「アイボ・オーナー」へと生成していく限りにおいて現れる。クリプキの議論では、プログラム作成者の「ある特殊な意図」によってバグがバグでなくなる契機が担保されている。つまり、ある機械の動作がバグであるかどうかは人間によって恣意的に決められるという主張に見える。だが、機械と人間が相互作用する具体的な局面においては、バグを契機にして新たな実践の構造が生起することを通じてバグがバグでなくなり、新たな行為が生みだされる。そのプロセスは、機械の内部メカニズムにも人々の解釈や意味づけにも還元できない。ちょうど、船江戦でツツカナの指した△6六銀が「水平線効果」というバグの現れでありながら、船江の豊かな情動の流れと触れあうことを通じて、勝負の機微を揺れ動かす「勝負手」となっていったように。

機械が所与の規則に従って動いているという常識的な見解は、人間があらかじめ想定していた規則からはみだす機械のふるまいを「バグ」や「機能不全」や「故障」としてマークし、それらを丁寧に根気強く排除する人々の集合的な営為によって支えられている。だが、知能機械の挙動がより複雑で複合的なものになっていくにつれて、それが従う規則を固定的に捉えたうえでそこからはみだすものをすべて排除することは次第に難しくなっていく。とりわけ、第三章で検討したように、現在の機械学習やディープラーニングを用いたソフトウェア開発においては、学習の結果ソフトがいかなる仕方で思考するようになったのか、その思考はいかなる論理に基づくものなのかを開発者でさえ完全には理解できない状況が生じている。

機械は必ずしも所与の規則に従って動いているわけではない。バグや機能不全を含んだものとして機械のふるまいを捉えると、規則への従属の有無によって機械と人間を区別することはできなくなる。むしろ、形式化された機械的な動作においてバグがバグでなくなる契機に注目することで、「機械－人間のイマージュ」とは異なる仕方で、人間を機械と類比的なものとして捉える計算機科学的発想を徹底することが可能になる。たとえば、郡司ペギオ－幸夫は、クリプキの懐疑論を下敷きの一つとしながら、形式的操作の内側から新たな行為が発生する可能性を強調する。「機械－人間のイマージュ」においては、行為が形式化され、前提から帰結への直線的導出として組織されるプロセスにおいて、行為に関わる要素の全体が確定され、その外部に形式化を意味づけ操作する主体としての人間的な「私」が確保される。これに対して郡司は、全体が確定できないからこそ私たちは柔軟に行動できると論じる。なぜなら、行為の前提となるものが無限にあり、それらのすべてをあらかじめ特定することはできないという条件下において、それでも特定の前提と帰結のセットによって行為を構成するときには、行為の帰結の否定を帰結してしまうような前提、あるいは、前提の否定から帰結されるような帰結が常に見いだされるからだ。[8]

たとえば、「Xは敵だ」（前提）から「Xを攻撃する」（帰結）が導出される形で行為が形式化される状況を考えてみる。行為主体たる私は、行為の前提の全体をあらかじめ確定することができないために、帰結の否定を帰結してしまうような前提を見いだすことができる。実際、風で飛んできたビニール袋にけんかを挑む者などいないから、Xを攻撃することの前提のうちには、私とXの間のなんらかの仲間意識（同族認知）が潜在している。仲間意識は前提として潜在し、攻撃は帰結として顕在する。両者の矛盾は、〈Xは敵→Xを攻撃〉という形式的操作とその外部の無限との関係が操作内部に生みだすバグである。その結果、Xを攻撃する行為は変調し、Xへの親愛の情を表す行為（＝攻撃の否定）として現れうる。たとえば、ほとんどの哺乳類で歯をむき出す表現ディスプレイが他個体への攻撃を意味するのに対して、チンパンジーでは「沈黙の歯むき出しディスプレイ」が攻撃の否定を伝えるサインとなっている。前提「Xは敵だ」が前提「Xは仲間だ」を隠しもつために、帰結「攻撃する」は帰結の否定「攻撃の身振りによって攻撃の意思がないことを示す」へと変化しうるし、そこにおいて新たな行為とその意味が生まれる。[9]

あるいは、人々が魚を生でのみ食べていた時代に生きる「私」を想起してみる。目の前の魚は「食べられない」と判断され、今まさに焼却されようとしている。ここで私はこの魚が焼却される理由を忘れてしまいその前提を求めて過去を想起するが、前提の全体を確定することができないため、そこに前提の否定が見いだされる。当初〈この魚は食べられない→焼却する〉という形で把握された行為は、見いだされた前提の否定「この魚は食べられる（かもしれない）」と帰結「焼却する」の矛盾＝バグを通じて変調し、〈この魚は焼くとおいしく食べられる〉という新たなタイプの行為とその意味が生じうる。[10]

「機械＝人間のイマージュ」においては、「行為を選択し／意味を理解する『私』」が常に機械化＝形式化の外部に想定される。だが、郡司の示す例では、まさに形式化の内部変調において、「攻撃の身振りによって攻撃の意思がないことを示す『私』」や「魚を焼いて食べる『私』」が生じる。「機械－人間のイマージュ」が、機械的な形式化の外部に私たち＝人間を位置づけるのに対して、郡司の議論では徹底的な形式化によって新たな行為を生みだす存在として機械と人間と生物が一括《くく》りにされている。つまり、規則に従いながらそれを変調させる機械＝人間＝生き物として「私たち」を位置づけるものとなっている。ここで示されているのは以下のような思考の筋道だろう。①私たちは常に自己の行為や性質を形式化され・形式化する限りにおいて機械である。②同時に、私たちは世界を生きているから、形式化は絶えず有限の範囲で遂行され外部の無限に晒されることで常にバグが生じる。③我々は、バグを介して新たに有効な形式的操作を生みだすことによって自らを変化させていく、生きている機械である。

再帰的自己においては、自己の行為と性質を全体として把握しようとするからこそ、形式化の外部に絶えず「自らを理解し制御する私」が位置づけられる。このとき、形式化が生みだすバグは「私」を変容させる契機とはならず、単に除去すべき機能不全としてしか現れない。機能不全はさらなる形式化を要請し、その結果、実現されるべき「本当の私」がどこまでも私から逃れ去るようにイメージされる。だが、「機械－人間のイマージュ」を放棄し、「私たちは生きている機械である」という視角に立てば、全体が確定できないからこそ、常にバグが生じるからこそ、我々は不完全な全体を仮設し、新たな行為とその実行環境、新たな情報と物語を展開しながら、新たな「私」を生みだしていることが見えてくる。私たちはいつだって生きて死ぬ動物＝機械であり、人間のふりをすることすら、その営みの一部にすぎない。こうした発想を「生きている機械のイマージュ」と呼ぶことにしよう。ただし、郡司の議論は、進化論的なスケールにおいて成功した事例を想定して事後的に提示されている。私たちが生きる具体的な局面において、バグや機能不全は回復しがたい損失や死の可能性を伴う極めて危険な契機でもある。親愛の情を示す攻撃ごっこが「いじり」から「いじめ」に変質することもあれば、生焼けの魚を食べて食中毒にかかることもある。だからこそ、私たちは自らの生を徹底的に形式化する一方でそこからの逸脱を排除できるものとみなし、形式化された生を逃れでる「本当の私」を措定することをあきらめきれない。だが、むしろ生の形式化を徹底的に進めることによって、バグや機能不全の危険性を逆手に取って新たな行為の可能性へと自らを開くことが可能だと考えることもできるだろう。「本当の私」に固執する拓人を糾弾しながら哀れみ、「カッコ悪い姿のまま、がむしゃらにあがく。その方法から逃げてしまったらもう、他に選択肢なんてないんだから」とつぶやく理香の姿は、生の形式化によって袋小路に陥る危険性と、バグを通じて新たな行為を切りひらく可能性、そのちょうど中間の地点にあるものとして捉えることができるだろう。

二つのイマージュ

以上の議論は、「私たち＝人間」なるものを機械ではないものとして措定するのではなく、むしろ人間を含む生物と機械の類比性を徹底的に認めることによって、機械と人間をめぐる既存の捉え方が拡張されていく可能性を示している。そこで喚起されているのは、人間と機械を一定の規則に従って動くものとして捉えたうえで、そこから外れる人間的領域を根拠にして両者を比較する外在的な視点を確保することではなく、むしろ、外在的な視点を放棄したうえで人間を機械との類比性において捉えることを通じて、私たち自身があらかじめ予想も制御もできない仕方で生成変化していく筋道である。計算機科学が推進してきた「人間的知性は機械で再現できる」という発想を正面から受け入れるとき、それは人間を単調なものに落とし込むことを意味しない。むしろ、機械という単調なものではないものとして人間を捉える既存の発想、その単調さを打ち破るものとして捉えることもできる。

「機械‐人間のイマージュ」と「生きている機械のイマージュ」を両極において機械のカニバリズムを眺めると、本書前半で論じた将棋電王戦を契機とする現代将棋の変容もまた、二つのイマージュの齟齬や摩擦に満ちた共存として捉えることができるようになる。第三章で論じたように、梅田望夫が「情報革命」として描いた羽生世代の戦術革新は、より自由な局面の探索という点では機械的な情報処理の高速化に支えられていた一方、局面を評価する大局観という点では人間的な「美意識」を練り上げていく努力によって支えられていた。膨大な棋譜データベースや局面検索によって形式化された指し手は、局面の流れを洗練された美意識によって捉える大局観を通じて制御される。将棋を指す「私」は、機械的な自己と人間的な自己に分割され、後者による前者の制御を通じて統合される。だからこそ、梅田の著作のように、機械的な情報処理の高速化が進むなかで光り輝く棋士の人間性を称揚することが可能であった。だが、電王戦におけるソフトとの対局を通じて、棋士の美意識や大局観もまた、思考を一定の枠に限定する「先入観」となりうることが明らかになっていく。第四章で論じたように、電王戦以後、ソフトの指し手に触発された若手棋士を中心として、既存の将棋観によって限定された枠組みをその内部から変調させていく試みがなされてきた。阿部の「怖がらない機械」や千田の「囲わない囲い」といった否定形のアナロジーは、自らの指し手をソフトの指し手との類比性において捉えるものであり、評価値という形式に自らの思考を内属させることで、むしろ既存の将棋観にもソフトの模倣にも留まらない新たな行為やそれを輪郭づける観念が生みだされてきた。そこでは、攻撃することから「攻撃の身振りによって攻撃の意思がないことを示す」が生みだされているように、囲わないことから「囲わずに囲う」という新たな行為が生みだされている。

ただし、羽生世代と若手棋士という括りは便宜的なものであり、どちらも一枚岩ではない。いずれの世代においても、ソフトの指し手に触発されて自らの将棋を改変しようとする試みも、ソフトから一定の距離を置き、機械的に把握できないものとして自らの将棋を練り直していく試みもなされている。そして、両方の方向性がたがいに影響を与えながら、現代将棋の新たな展開を駆動している。

もちろん、変化は全面的にポジティブなものではない。第三章で論じたように、情報の評価という領域に知能機械が参入するにつれて、評価という領域を人間が占有することはできなくなる。こうした状況が鮮明に現れたのが、第五章で言及したソフト使用疑惑問題である。三浦弘行が対局中にソフトを参考にしているのではないかという複数の棋士が示した疑いは、「カンニング疑惑」として報じられた。だが、「カンニング」とは正解を盗み見る行為である。将棋において想定できるすべての指し手の帰結を完全に解析しているわけではない（その見込みも立っていない）将棋ソフトを参考にすることは「カンニング」とは言えない。正解は機械にも人間にもわからない。だが、将棋界は、もっとも正解に近いように見える人間たち、棋理を極めんとするトップ棋士たちの「強さ」に依拠することによって、その競技的側面と文化的側面を接続してきた。棋士よりも正解に近いかもしれないソフトの登場によって、トップ棋士は将棋をめぐる評価を占有できなくなり、むしろ、誰にも正解はわからないことが顕在化していく。将棋という世界を認識し評価する最終的な審級とされてきた棋士の「強さ」なるものの意義は極めて不安定なものとなりつつある。

しかしながら、自分より格段に強い相手と戦うことによって、あるいは、まったくもって未知の局面に進むことによって、これまでわかっていたことがわからなくなってしまうプロセスは、将棋を指す者を強く惹きつけるものでもある。第二回電王戦最終局GPS戦の終局後に自分の指し手の「どこが悪かったのかわからない」と語った三浦は、インタビューにおいて次のようにも述べている。

> 将棋連盟の棋士として勝たなくてはならないという立場を別にすれば、GPSは指していて楽しい相手でした。自分より明らかに強い相手と指すという、将棋本来の楽しさを思い出させてくれました。もしも、どこか誰も知らないところでひっそりと対戦できていたら、どんなによかっただろうと思います。[11]

自らの経験と技量に基づいた構想が完全に崩壊していくという悲痛な状況は、だが、自分がこれまで知らなかった盤上の論理にはじめて触れる喜びを伴っている。自らの行為がいかなる意味や帰結をもちうるのかまったく「わからない」という事態。その痛みの只中において、これまでに「わかっていること」の外部に踏みだす「楽しさ」もまた生じうる。幾多の強者と対峙しながら自らの力を培ってきた棋士というものは、誰よりも将棋のことが「わかっている」と同時に、誰よりも将棋の「わからなさ」を楽しめるものであろう。

発展する知能機械によって人間が正解を知っているとは限らないことが突きつけられる。だが、機械もまた正解を知っているとは言えない。機械の評価が正解であるかどうかを判断できるのであれば、人間はやはり正解を知っていることになり、評価の審級としての人間の地位は揺るがないからだ。AIブームやシンギュラリティ仮説をめぐるさまざまな反応において看過されているのは、知性において人間を遥かに超える機械が現れたならば、その機械の知的判断が妥当であるか否かをもはや私たちは判断できなくなる、ということである。この世界を適切に認識し適切に行為する最終的な根拠としての「私たち＝人間」は復旧しえない機能不全に陥るかもしれない。だが、それが絶望的な事態であるとは限らない。非近代社会における人々と動物人間の関わりが示しているように、私たちの生は、世界の根拠たる人間ではないものとして生きる「楽しさ」にも開かれている。

知的能力において人間を凌駕する機械が登場する未来への期待と恐れにはまり込んだ私たちの「現在のなかの未来」は、依然として流動的である。「機械－人間のイマージュ」を更新し強化しながら、機械ではないものとしての人間を強化していく運動も生じるだろう。だが、その一方で、人間を機械ではないものに／機械を人間ではないものに留めておく発想が次第に説得力を失うなかで、機械との徹底的な類比性において私たちが自らを変容させていく運動もまた生じるだろう。人間が機械の視点から自らを捉え、自らを作り上げていく機械のカニバリズムは、人間という外在的な基準に依拠せずにさまざまな存在を比較し、私たちがさまざまな他者へと生成変化していくプロセスにも開かれているのである。

人間なき世界

本書で展開してきた「人間なきあとの人類学」は、主に三つの契機をもっている。第一に、将棋電王戦に見られるように知能機械が情報の探索だけでなく情報の評価にも関与する能力を備えるに至って、この世界に関するあらゆる情報を評価する審級としての「私たち＝人間」の地位が揺るがされてきたこと。もちろん、知能機械による情報の評価は人間による評価を手本として構成されるから、情報の評価において完全に機械が人間に取って代わるわけではない。だが、第三章で詳述したように、人間を手本とする機械学習は、「学習」という言葉の常識的なイメージとは異なり、教師たる人間には容易に理解できない原理によって機械が情報を評価する能力を獲得していく過程である。実際、現代将棋において局面を評価する審級は、人間のトップ棋士によって占有されるものから機械と人間の齟齬に満ちた連携によって流動的に構成されるものへと変化しつつある。

第二に、フーコーが論じたように、「経験的‐超越論的二重体」としての人間のあり方が限定された歴史的地点において生みだされ、紆余曲折《うよきょくせつ》を経てなんとか維持されてきた形象にすぎないこと。カント主義的発想において、世界の最終的な根拠として君臨してきた実在する神は、到達しえない「もの自体」に置き換えられ、その代わり、人間の経験を規定する条件を構成する超越論的な主観性によって、世界を適切に認識し適切に働きかけることの根拠が生みだされる。こうした両義的な人間のあり方において、世界の最終的な根拠たる権能が、実在する神から「私たち＝人間」に部分的に委譲されてきた。だが、その位置づけがいつまでも安泰だとは限らないし、いつまでも有効に機能するとは限らない。近年激化し続けているイスラム原理主義勢力と先進諸国の対立は、世界の最終的な根拠を実在する神と超越論的人間のどちらに置くかをめぐる対立として捉えることもできるだろう。だが、神と人間のどちらを選ぶべきかが問題ではない。そのような性急な二者択一の問いは現状に対する一方的な断定を誘うものにしかならないだろう。むしろ、私たちの生を根拠づける最終的な根拠自体が多様であり、それらが対立しながらも部分的に繋がっているという状況をいかに認め、把握し、そこにいかに関わることができるかが問題である。

第三に、世界中の地域に暮らす人々を観察し比較してきた人類学者が、それらの対象を俯瞰し比較する特権的な地位に人類学者を置くことのない内在的な比較の方法論として自らの学問的営為を規定するようになりつつあること。そこにおいて、人類学者が対象とする人々の営為もまた、ジャガー人間やカニバリズムの対象となる他の集団と結びつきながら「私たち」なるものをさまざまに規定し生みだしていく、それ自体が人類学的な営為として捉えられる。近代的な「私たちの人類学」を非近代的な「彼らの人類学」に接続しながら変容させていくことを通じて、人類学的な記述は、この世界に存在するものについて異なる見解をもつ存在者同士の相互作用が統一的な基準がないままに把握され変容していくプロセスを遂行しながら分析するものへと変化しつつある。

本書において、第一の契機と第二の契機は第三の契機を介して結びつけられている。知能機械との相互作用を通じた人間なるものの変容は、異質な他者との可塑的な比較を通じた私たち自身の生成変化という描像を介して、「経験的‐超越論的二重体」としての人間によって基礎づけられることのない世界への理解を進めるものとして捉えられる。こうした複合的な契機によって推進される「人間なきあとの人類学」は、主に以下のような軌跡を描くものとなるだろう。

まず、発展し続ける知能機械と人間の相互作用において生じるさまざまな現象を、人間という主体に還元することも非人間という客体に還元することも回避しながら描写し、把握することが試みられる。人間なき人類学の端緒となるもっとも明快な指針は、これまで専ら人間という存在に還元しながら理解されてきたさまざまな存在者の働きを、人間という存在に還元することなく探求することである。千田の見いだした「囲わない囲い」が将棋ソフトの弾きだす評価関数とは無関係には生じえなかったように、拓人や理香の就活をめぐって苦闘する自己のあり方がスマートフォン・アプリとの接続によって構成されているように、私たちの日常的な営みは人間ではないものとの微細な相互作用を通じて現れている。それと同時に、これまで専ら客体の側に還元されてきた性質が私たちとのいかなる関係において生じているのかに注目することが必要となる。指数関数的に増大し続けるコンピュータの計算力が膨大な技術者の寄与によって生じているように、将棋ソフトの圧倒的な棋力が棋士の指し手を左右する情動の制御法と密接に結びついているように、Twitter の利便性が〇・五人称発話による自己の形成との連動によって生みだされているように、私たちの営みとは独立して存在しているからこそ私たちの生活を支えていると思われてきた人間以外の存在者の内部構成に、私たちは密接に関与している。この世界に生じるさまざまな出来事を人間という原因によって説明しないこと、自然や技術や機械といった非人間の側に置かれた原因によっても説明しないこと。それによって——本書で示してきたような——新たな説明と理解の方法論を探求すること。それが、人間なきあとの人類学の開始点をなすだろう。

こうした始点に続くステップとして、理系と文系という区分による思考と実践の役割分担からの離脱を位置づけることもできる。というのも、前者は諸現象を非人間に還元することにおいて、後者は諸現象を人間に還元することにおいて、たがいに区別されてきたからである。

たとえば、大半の工学者は「社会に役立つ技術」を生みだすことを真摯に追求している。だが、その営為は、特定の技術を役立つものと考える社会とはいかなる社会かという論点とは切り離されて進められる。それを考えるのは、諸現象を人間に還元して理解する文系の役割だということになる。だが、現在のAIブームにおいてそうであるように、科学技術が生みだす新たな人工物（への期待や対処）を通じて社会が変化するという状況、そこにおいて何が役立つものであるかの判断自体が変化するという状況が前面化するようになると、工学的実践の始点となる「社会にとって役立つもの」自体が、技術の開発と受容を通じて変化してしまうという再帰的なプロセスが遍在化する。そうした状況において、科学技術が活性化させる非人間の介入を捨象して人間とその社会について語る人文社会科学系の研究もまた、安定した人間社会の像を結ぶことができなくなる。数式やモデルを中心とする理系の研究もまた、それがなぜ有意味で有用であるのかという前提において、しばしば極めて素朴な文系的判断を暗黙裡に含んでいる。人々による解釈や意味づけを重視する文系の研究もまた、それらの意味づけがなされる客体として対象を捉える際に、しばしば極めて素朴な理系的（素朴実在論的）判断を下している。文系と理系という古色蒼然《こしょくそうぜん》とした区分を強調したいわけではない。むしろ、いかにも文系的／理系的に見られる営為にも、たがいにたがいの素朴なバージョンを含んでいることが肝要である。近年その切迫した必要性が叫ばれる理系／文系研究者の連携、あるいは、企業におけるエンジニアとプロジェクト担当者の連携においても、おたがいがいかに人間／非人間への素朴な還元を前提にして非人間／人間の造形を進めているかを理解すること、たがいが暗黙裡に前提としている人間的／非人間的領域を掘り下げあうことが重要となるだろう。

「経験的‐超越論的二重体」としての人間によって基礎づけられることのない世界への理解を進めるという人間なき人類学の試みは、理系／文系の区分だけでなく、アカデミックな知そのものの位置づけの変更を迫るものともなる。というのも、近代の学問は、実在する神に代わって世界の最終的な根拠となった「人間なるもの」を分散的に支える国家（社会）、科学、経済、法、個人的内面といった審級を解明し代弁する役割を担ってきた、いわば「人間なるものの神学」に他ならないからである。諸学問は人間なるものへの寄与において分業化し階層化されてきたが、文系／理系という区分の性急な再編が近年試みられているように、その役割分担や階層的な構成は極めて不安定なものとなりつつある。同時に、階層化されたアカデミックな知と「集合知」と呼ばれるようなオンラインにおいて豊かな情動を伴いながら波及していくさまざまな知見との間の階層性も次第に流動化しつつある。

こうした状況において展開された本書の記述もまた、専門書のような新書のようなブログ記事のようなTwitterのタイムラインのような、チグハグな断片が連なっていく構成をなしている。それは、一九八〇年代の「ニューアカデミズム」において試みられたような、権威ある知を権威なき知と同列に扱うことで知の遊戯的転倒を目指すものではない。むしろ、知は分裂しクラスタ化しながら相互に影響を与えあっている。本書をある種の知を再構成する場として捉えうるとすれば、そこでは、ラトゥールやカンギレムやギデンズといった著名な学者も、ツツカナやポナンザといった将棋ソフトも、羽生や千田や三浦といった棋士も、「保育園落ちた日本死ね!!!」という投稿も、理香や拓人といったフィクションの登場人物も、おなじくらい雄弁に自らの存在を示している。それらの知を平等に扱うことが重要だというわけではない。それぞれの知はそれぞれのクラスタにおいて固有の説得力を保持しているが、その潜在的な力能は、個々のクラスタを超えてそれぞれが結びつきうる補助線をより多く引くことによって活性化されるだろう。そうした多様な補助線を引くことによって、私たちが生きるこの世界が分裂し断絶しながらも、たがいにたがいを暗黙裡に包含しながら部分的に繋がっている道筋を描きだすこと。それが本書における濁流のような記述によって試みられたものである。

この世界は一つではない。だが複数の独立した世界があるわけでもない。私たちは、さまざまな異質な他者と部分的に繋がった世界を生きている。断絶する世界を「人間」という最終的な根拠によって繋ぎとめ、さまざまな現象を人間/非人間へと還元することを通じて、自らとは異質な他者との相互作用を分析し判断する土台となる単一の「同じ世界」を維持すること。そうした従来の方法を放棄したときに、いかなる思考や行為が可能となるだろうか。本書が示した道筋は、極めて断片的で抽象的なものでしかないかもしれない。だが、機械という他者の視点から自らを捉える機械のカニバリズムは、人間なるものから切り離された私たちの生の可能性、同じ世界を共有しない他者との部分的な繋がりにおいて生きながらえ死に絶えていく私たちの姿を喚起してもいる。「私たちは機械ではない」という自己規定に代わって、「私たちは人間ではない」という規定を採ることに伴うさまざまな困難とさまざまな可能性、本書がその両方を捉える一つの契機となるのであれば、筆者としてこれに勝る喜びはない。

注

第一章

1 Frey, Carl Benedikt & Michael A. Osborne 2013 The Future of employment: How Susceptible are Jobs to Computerisation? *Technological Forecasting and Social Change* 114, pp. 254-280.

2 井上智洋 二〇一六『人工知能と経済の未来――２０３０年雇用大崩壊』文春新書

3 Hawking, Stephen, Stuart Russell, Max Tegmark & Frank Wilczek 2014 'Transcendence looks at the implications of Artificial Intelligence - but are we taking AI seriously enough? *Independent* 1 May 2014.

4 宮武公夫 二〇〇〇『テクノロジーの人類学――現代人類学の射程』岩波書店、七四〜七五頁

5 Pinch, T. J. & W. E. Bijker 1987 The social construction of facts and artefacts: Or how the sociology of science and the sociology of technology might benefit each other. In W. E. Bijker, T. P. Hughes & T. J. Pinch (eds.), *The social construction of technological systems: New directions in the sociology and history of technology*, pp. 17-50.

6 Latour, Bruno 1999 *Pandora's Hope: Essays on the Reality of Science Studies*: Harvard University Press, p.179, figure6.1.（括弧内および欄外は筆者による）

7 「「ＬＩＮＥ」でスマートフォン世界ナンバーワンへ」『ＢＬＯＧＯＳ』二〇一三年一月一日記事（http://blogos.com/article/53141/）

8 濱野智史 二〇〇七「濱野智史の「情報環境研究ノート」第五回 『疑似同期型アーキテクチャ』と『真性同期型アーキテクチャ』」『WIRED VISION』アーカイブ（http://archive.wiredvision.co.jp/blog/hamano/200706/20070621034 0.html）

9 以下を参照のこと。久保明教 二〇一六「非人間への生成――非連続的思弁と連続的実践の狭間で」『現代思想』44

(20)、青土社、一九四～二〇九頁

10 Latour, ibid: pp. 13-14.

11 エドゥアルド・コーン 二〇一六『森は考える——人間的なるものを超えた人類学』奥野克巳＋近藤宏監訳、近藤祉秋＋二文字屋脩共訳、亜紀書房

12 Latour, Bruno 1993 *We Have Never Been Modern*, translated by Catherine Porter: Harvard University Press, pp. 97-103.

13 エドゥアルド・ヴィヴェイロス・デ・カストロ 二〇一五『食人の形而上学——ポスト構造主義的人類学への道』檜垣立哉＋山崎吾郎訳、洛北出版、一八八～一九六頁

14 ジョルジュ・カンギレム 二〇〇二『生命の認識』杉山吉弘訳、法政大学出版局、一一四～一四六頁

15 同書、一二六頁

16 社会／文化人類学が主な対象としてきたのは、経験的‐超越論的二重体としての人間を統一体として捉えることを阻むような存在である。「野蛮人」、「未開人」、「辺境の人々」、「現地民」。どのような名称を用いようとも、人類学者が自らの暮らす社会には存在しない奇異な営みを探し求める限りにおいて、それらの対象は人間の経験的な多様性において超越論的な人間の普遍性を揺るがす存在でありつづけている。結局のところ、人類学の対象たる「人類」とは、自分たちと同じ「人間」とは思えない人々を内在的に理解し外在的に分析することにどうしようもなく惹《ひ》かれてきた研究者たちが案出した、苦肉の折衷案にすぎないのではないだろうか。同じ人間とは思えない、でも同じ人間のはずである。だからこそ、彼らを、自然人類学の対象とは異なる意味で「人類」と呼ぶことになる。

17 久保明教 二〇一一「世界を制作＝認識する：ブルーノ・ラトゥール×アルフレッド・ジェル」春日直樹編『現実批判の人類学——新世代のエスノグラフィへ』世界思想社、三四～五三頁

18 Maniglier, Patrice 2014 A metaphysical turn? Bruno Latour's An Inquiry into Modes of Existence. (Translated by Olivia Lucca Fraser) *Radical Philosophy* 187, pp.37-44, p.38.

19 Strathern, M. 1991 *Partial Connections.* Savage, MD.: Rowman and Littlefield, p.35.

20 以下を参照のこと。久保明教 二〇一六「方法論的独他論の現在——否定形の関係論へ」『現代思想』44（5）、青土社、一九〇～二〇一頁

21 以下を参照のこと。ヒューバート・L・ドレイファス 一九九二『コンピュータには何ができないか——哲学的人工知能批判』黒崎政男＋村若修訳、産業図書。ジョン・サール 一九八四「心・脳・プログラム」D・R・ホフスタッター＋D・C・デネット編著『マインズ・アイ——コンピュータ時代の「心」と「私」』坂本百大監訳、TBSブリタニカ、一七八～二一〇頁

第二章

1 増川宏一 一九八五『将棋 II（ものと人間の文化史 23-II）』法政大学出版局、二七八頁

2 酒井隆史 二〇一一『通天閣——新・日本資本主義発達史』青土社、二〇二～二〇三頁。本文で引用した酒井の記述は、関根金次郎の回顧録を収めた菅谷北斗星の著作の記述（菅谷北斗星編 一九三三『棋道秘話』千倉書房、七頁）に基づくものである。

3 酒井、前掲書、二〇四頁

4 日本将棋連盟 二〇一三『第2回電王戦のすべて』マイナビ、一二〇～一二一頁

5 同書、一二二～一二四頁

6 夢枕獏・海堂尊・貴志祐介ほか 二〇一三『ドキュメント電王戦——その時、人は何を考えたのか』徳間書店、七一頁

7 羽生善治・伊藤毅志・松原仁 二〇〇六『先を読む頭脳』新潮社、八六～八七頁

8 『遠山雄亮のファニースペース』二〇一三年四月一二日記事（http://chama258.seesaa.net/article/355013742.html）

9 「船江恒平・佐藤慎一が語る電王戦——われらはかく戦った」『将棋世界』（二〇一三年七月号）日本将棋連盟、五

六頁
10 笠井易・齊藤実 二〇一〇「二人零和有限確定完全情報ゲームの考察」『経営情報学論集』（山梨学院大学）16、九～一八頁
11 柿倉正義 一九九八「極限作業ロボットプロジェクトの教訓と残された課題——中村桂子先生の指摘を踏まえて」『日本ロボット学会誌』16（1）、二七～二九頁、二八頁

第三章

1 飯田弘之 二〇〇二『コンピュータは名人を超えられるか』岩波科学ライブラリー、二九頁
2 同書、三三頁
3 同書、四一頁（括弧内は引用者による）
4 同書、七九頁
5 保木邦仁 二〇一二「数の暴力で人間に挑戦！——Bonanza の誕生」コンピュータ将棋協会監修『人間に勝つコンピュータ将棋の作り方』技術評論社、一三五～一四八頁、一三六頁
6 同書、一四一頁
7 同書、一四七～一四八頁
8 羽生善治・ＮＨＫスペシャル取材班 二〇一七『人工知能の核心』ＮＨＫ出版新書、三八頁（括弧内は引用者による）
9 保木、前掲書、一四四頁
10 梅田望夫 二〇〇九『シリコンバレーから将棋を観る——羽生善治と現代』中央公論社、二三頁
11 同書、四二～四三頁（括弧内は原文ママ）
12 同書、六二～六三頁（括弧内は原文ママ）

13　羽生、前掲書、七五～七六頁
14　山岸浩史 二〇一三「「人間対コンピュータ将棋」頂上決戦の真実【後編】一手も悪手を指さなかった三浦八段は、なぜ敗れたのか」『現代ビジネス』二〇一三年五月一五日記事、一四頁（http://gendai.ismedia.jp/articles/-/35787?page=14）
15　夢枕獏・海堂尊・貴志祐介ほか 二〇一三『ドキュメント電王戦――その時、人は何を考えたのか』徳間書店、二五六頁
16　Bonnefon, Jean-François, Azim Shariff and Iyad Rahwan, 2016 The social dilemma of autonomous vehicles, *Science* 352, Issue 6293, pp. 1573-1576.

第四章

1　夢枕獏・海堂尊・貴志祐介ほか 二〇一三『ドキュメント電王戦――その時、人は何を考えたのか』徳間書店、二四六頁
2　大崎善生 二〇一四「将棋の電王戦――現役タイトル保持者が出ぬ一因に新聞社の存在」『ＮＥＷＳポストセブン』二〇一四年四月二五日記事（http://www.news-postseven.com/archives/20140425_252656.html）
3　「人間対コンピューターの将棋「電王戦」に見る、未知なるルール問題」『ＣＹＣＬＥ style of sports and technology』二〇一五年二月二八日記事（https://cyclestyle.net/article/2015/02/28/19978.html）
4　山岸浩史 二〇一三「「人間対コンピュータ将棋」頂上決戦の真実【後編】一手も悪手を指さなかった三浦八段は、なぜ敗れたのか」『現代ビジネス』二〇一三年五月一五日記事、四頁（http://gendai.ismedia.jp/articles/-/35787?page=4）
5　青木滋之 二〇一六「宇宙における我々の位置――科学と哲学の協奏」春日直樹編『科学と文化をつなぐ――アナロジーという思考様式』東京大学出版会、二一六～二三五頁、二二〇～二二一頁

6 糸谷哲郎・久保明教 二〇一五「コンピュータと戦う、その先に見えるもの」『E!』(6)、九～三四頁、一二～一三頁(http://eureka-project.jp/2015/09/20/e6)

7 千田翔太・久保明教 二〇一六「機械と人間、その第三の道をゆく」『E!』(8)、一〇～四二頁、三七頁(http://eureka-project.jp/2016/04/20/e8)

8 アントニオ・R・ダマシオ 二〇一〇『デカルトの誤り――情動、理性、人間の脳』田中三彦訳、ちくま学芸文庫、二七一頁(括弧内は原文ママ)

9 同書、二三〇頁

10 同書、二七二頁

11 羽生善治・NHKスペシャル取材班 二〇一七『人工知能の核心』NHK出版新書、八一頁

12 ダマシオ、前掲書、二七三頁

13 千田・久保、前掲、三〇頁(括弧内は原文ママ)

14 Strathern, Marilyn 1988 *The Gender of the Gift: Problems With Women and Problems With Society in Melanesia.* Berkeley: University of California Press, p.3.

15 里見龍樹・久保明教 二〇一三「身体の産出、概念の延長――マリリン・ストラザーンにおけるメラネシア、民族誌、新生殖技術をめぐって」『思想』1066、岩波書店、二六四～二八二頁

第五章

1 本章第二～四項の記述は、久保明教 二〇一七「強い(かわいい)とは何か――将棋ソフトからみる加藤一二三と「ひふみん」の狭間」『ユリイカ』(二〇一七年七月号 特集＝加藤一二三、青土社、一八二～一九〇頁)に基づくものである。

2 浜本満 二〇〇一『秩序の方法――ケニア海岸地方の日常生活における儀礼的実践と語り』弘文堂、一一六～一一

七頁

3 浜本満 二〇〇七「信念と賭け：パスカルとジェイムズ——社会空間における信念の生態学試論1」『九州大学大学院教育学研究紀要』10、二三〜四一頁、三六頁

4 財団法人日本サッカー協会 二〇一〇『Laws of the Game 2010/2011 サッカー競技規則』三一頁

5 郡司ペギオ‐幸夫 二〇〇二『生成する生命 生命理論1』哲学書房、四〜六頁

6 河口俊彦 二〇一三「第二回将棋電王戦 第4局 電王戦記」『ニコニコニュース』二〇一三年四月一九日記事(http://news.nicovideo.jp/watch/nw588820)(括弧内は引用者による)

7 伊藤英紀ブログ『A級リーグ指し手一号』二〇一三年四月一五日記事「コメントのコメント」より抜粋

8 将棋界において「エンジニアリング的には正しい判断」が適切とされるとは限らず、将棋ファンからは伊藤の判断や局後のコメントに対する批判の声もあがった。だが、そうした批判の根拠となった「相入玉戦でも最後まで最善を尽くすべき」という判断もまた、棋界の慣習的実践に依拠したものであり、ソフト開発という実践の場において適切とされるとは限らない。

9 羽海野チカ『3月のライオン』第四巻、白泉社、一五九〜一六〇頁

10 中村敏雄 二〇〇一『増補 オフサイドはなぜ反則か』平凡社ライブラリー、四二〜五六頁

11 エリック・ホブズボウム&テレンス・レンジャー編 一九九二『創られた伝統』前川啓治＋梶原景昭訳、紀伊國屋書店

12 「たった21手で終局した将棋電王戦FINALの第5局顛末とFINAL総括 将棋電王戦FINAL」『週刊アスキー』二〇一五年四月二一日記事(http://weekly.ascii.jp/elem/000/000/328/328222/)

13 本書では、二〇一二年に開催された第一回将棋電王戦から二〇一五年に開催された将棋電王戦FINALまでの計四回を「電王戦シリーズ」として扱っている。二〇一六年から開催された第一期／第二期電王戦(棋士が参加する叡王戦トーナメント優勝者と将棋電王トーナメント優勝ソフトが戦う二番勝負)は、対局に至る形式が著しく異な

るため本書では取りあげていない（結果は第一期・第二期ともに棋士側の全敗）。
14 大川慎太郎 二〇一六『不屈の棋士』講談社現代新書、一九八頁、二〇一頁
15 久保明教 二〇一七「なぜガーリックはにんにくではないのか？ 家庭料理の臨界（3）」『E！』（11）、三九～六〇頁、五二・五六～五七頁（http://eureka-project.jp/2017/03/31/e11/）

第六章

1 西垣通 一九九九『こころの情報学』ちくま新書、一五～二二頁
2 同書、三八～四〇頁
3 マイケル・シルヴァスティン 小山亘編 二〇〇九『記号の思想――現代言語人類学の一軌跡 シルヴァスティン論文集』小山亘＋榎本剛士＋古山宣洋＋永井那和訳、三元社。小山亘 二〇〇八『記号の系譜――社会記号論系言語人類学の射程』三元社
4 吉田純 二〇〇〇『インターネット空間の社会学――情報ネットワーク社会と公共圏』世界思想社、一二九頁
5 佐藤俊樹 一九九六『ノイマンの夢・近代の欲望――情報化社会を解体する』講談社選書メチエ、八九～九一頁
6 北田暁大 二〇一〇「ディスクルス（倫理）の構造転換」東浩紀＋濱野智史編『ised 情報社会の倫理と設計 倫理篇』河出書房新社。cf., 北田暁大 二〇〇五『嗤う日本の「ナショナリズム」』ＮＨＫブックス
7 エミール・バンヴェニスト 一九八三『一般言語学の諸問題』岸本通夫監訳、みすず書房、二三六頁、二四四頁
8 同書、二三九～二四〇頁
9 濱野智史 二〇〇九「作品それ自体がデータベースであり、ネットワークであり、コミュニケーションでもあるような」ウェブマガジン「アートスケープ」連載『〈歴史〉の未来』第一回（http://artscape.jp/study/rekishi/1207202_2746.html）。cf., 濱野智史 二〇〇八『アーキテクチャの生態系――情報環境はいかに設計されてきたか』ＮＴＴ出版

10 朝井リョウ 二〇一二『何者』新潮社、四六頁
11 同書、二～三頁
12 同書、二〇六～二〇七頁
13 同書、七九頁
14 同書、二五七～二七一頁

第七章

1 朝井リョウ 二〇一二『何者』新潮社、二六〇頁
2 見ることに伴う能動と受動の反転については、五十嵐大介『海獣の子供』第一巻、小学館、三〇一頁から着想を得た。
3 本章第二～四項の記述は、久保明教 二〇一一「〈機械―人間〉というイマージュ――生政治学と計算機科学における自己の編成」(檜垣立哉編著『生権力論の現在――フーコーから現代を読む』勁草書房、四七～九〇頁)に基づくものである。
4 ミシェル・フーコー 二〇〇六『フーコー・ガイドブック フーコー・コレクション』小林康夫+石田英敬+松浦寿輝編、ちくま学芸文庫、一九〇頁
5 ミシェル・フーコー 二〇〇〇「ミシェル・フーコーのゲーム」『ミシェル・フーコー思考集成第6巻 セクシュアリテ/真理』増田一夫訳、筑摩書房、四〇九～四五二頁、四一〇頁
6 ミシェル・フーコー 二〇〇八『ミシェル・フーコー講義集成〈8〉生政治の誕生』慎改康之訳、筑摩書房
7 同書、四〇二頁
8 同書、二七八頁
9 同書、三三四頁

10 同書、三三五頁
11 同書、三三三頁
12 ミシェル・フーコー 一九八六『性の歴史I 知への意志』渡辺守章訳、新潮社、一二〇頁
13 ミシェル・フーコー 二〇〇七『ミシェル・フーコー講義集成〈6〉社会は防衛しなければならない』石田英敬＋小野正嗣訳、筑摩書房、三二頁
14 アンソニー・ギデンズ 二〇〇五『モダニティと自己アイデンティティ――後期近代における自己と社会』秋吉美都＋安藤太郎＋筒井淳也訳、ハーベスト社
15 檜垣立哉 二〇〇六『生と権力の哲学』ちくま新書、二四二頁
16 ギデンズ、前掲書、八二頁
17 同書、八七頁
18 同書、二〇頁。アンソニー・ギデンズ 一九九三『近代とはいかなる時代か？――モダニティの帰結』松尾精文＋小幡正敏訳、而立書房、三七〜四二頁
19 ギデンズ 二〇〇五、一一二頁
20 Strathern, Marilyn (ed.) 2000 *Audit Cultures: Anthropological Studies in Accountability, Ethics and the academy:* Routledge.
21 春日直樹 二〇〇七『〈遅れ〉の思考――ポスト近代を生きる』東京大学出版会、二〜三頁
22 フーコー 二〇〇七、二三九頁
23 ジョン・サール 一九八四「心・脳・プログラム」D・R・ホフスタッター＋D・C・デネット編『マインズ・アイ――コンピュータ時代の「心」と「私」』坂本百大監訳、TBSブリタニカ、一七八〜二一〇頁、一八〇〜一八二頁
24 野家伸也 二〇〇一「意識の形式化不可能性について」『現代思想』29（5）、青土社、九二〜一〇〇頁、九五頁

25　カレル・チャペック　一九八九『ロボット（R.U.R.）』千野栄一訳、岩波文庫、五〇頁
26　ジョセフ・エンゲルバーガー　一九八四『応用ロボット工学』長谷川幸男監訳、朝倉書店、三頁

第八章

1　船木亨　二〇〇五『デジタルメディア時代の《方法序説》――機械と人間のかかわりについて』ナカニシヤ出版、一六一頁
2　本章第一項の記述は、久保明教　二〇一五『ロボットの人類学――二〇世紀日本の機械と人間』世界思想社、一章の記述に基づくものである。なお「可塑性」をめぐるマラブーの議論については以下を参照のこと。カトリーヌ・マラブー　二〇〇五『ヘーゲルの未来――可塑性・時間性・弁証法』西山雄二訳、未來社；二〇一六『新たなる傷つきし者――フロイトから神経学へ　現代の心的外傷を考える』平野徹訳、河出書房新社
3　本章第二項の記述は、久保明教　二〇一一「〈機械―人間〉というイマージュ――生政治学と計算機科学における自己の編成」（檜垣立哉編著『生権力論の現在――フーコーから現代を読む』勁草書房、四七～九〇頁）に基づくものである。
4　ソール・A・クリプキ　一九八三『ウィトゲンシュタインのパラドックス――規則・私的言語・他人の心』黒崎宏訳、産業図書、一一一～一〇七頁
5　同書、六四～六五頁
6　久保明教　二〇〇七「媒介としてのテクノロジー――エンターテインメント・ロボット『アイボ』の開発と受容の過程から」『文化人類学』71（4）、五一八～五三九頁
7　藤田雅博　一九九九「ペット型ロボットの感性表現」『日本ロボット学会誌』17（7）、三三～三七頁
8　郡司ペギオ-幸夫　二〇〇六『生命理論』哲学書房、一五三～一五四頁、一九二～二〇一頁
9　同書、一九四～一九九頁

10 同書、一七三〜一七八頁

11 山岸浩史 二〇一三「「人間対コンピュータ将棋」頂上決戦の真実【後編】一手も悪手を指さなかった三浦八段は、なぜ敗れたのか」『現代ビジネス』二〇一三年五月一五日記事、一四頁（http://gendai.ismedia.jp/articles/-/35787?page=14）

久保明教（くぼ・あきのり）

一九七八年生まれ。大阪大学大学院人間科学研究科単位取得退学。博士（人間科学）。現在、一橋大学大学院社会学研究科教授。科学技術と社会の関係について文化・社会人類学の観点から研究を行う。主な著書に『ロボットの人類学――二〇世紀日本の機械と人間』（世界思想社）、『ブルーノ・ラトゥールの取説――アクターネットワーク論から存在様態探求へ』（月曜社）、『「家庭料理」という戦場――暮らしはデザインできるか？』（コトニ社）などがある。

機《き》械《かい》カニバリズム
人間《にんげん》なきあとの人類学《じんるいがく》へ

二〇一八年　九月一〇日　第一刷発行
二〇二三年　九月一一日　第二刷発行

著　者　久《く》保《ぼ》明《あき》教《のり》

発行者　髙橋明男
発行所　株式会社 講談社
東京都文京区音羽二丁目一二―二一　〒一一二―八〇〇一
電話（編集）〇三―五三九五―三五一二
（販売）〇三―五三九五―五八一七
（業務）〇三―五三九五―三六一五

装幀者　奥定泰之
本文データ制作　講談社デジタル製作
カバー・表紙印刷　半七写真印刷工業株式会社
本文印刷　信毎書籍印刷株式会社
製本所　大口製本印刷株式会社

KODANSHA

ISBN978-4-06-513025-4　Printed in Japan　N.D.C.389　221p　19cm

講談社選書メチエ　刊行の辞

書物からまったく離れて生きるのはむずかしいことです。百年ばかり昔、アンドレ・ジッドは自分にむかって「すべての書物を捨てるべし」と命じながら、パリからアフリカへ旅立ちました。旅の荷は軽くなかったようです。ひそかに書物をたずさえていたからでした。ジッドのように意地を張らず、書物とともに世界を旅して、いらなくなったら捨てていけばいいのではないでしょうか。

現代は、星の数ほどにも本の書き手が見あたります。読み手と書き手がこれほど近づきあっている時代はありません。きのうの読者が、一夜あければ著者となって、あらたな読者にめぐりあう。その読者のなかから、またあらたな著者が生まれるのです。この循環の過程で読書の質も変わっていきます。人は書き手になることで熟練の読み手になるものです。

選書メチエはこのような時代にふさわしい書物の刊行をめざしています。

フランス語でメチエは、経験によって身につく技術のことをいいます。道具を駆使しておこなう仕事のことでもあります。また、生活と直接に結びついた専門的な技能を指すこともあります。

いま地球の環境はますます複雑な変化を見せ、予測困難な状況が刻々あらわれています。

そのなかで、読者それぞれの「メチエ」を活かす一助として、本選書が役立つことを願っています。

一九九四年二月　　野間佐和子